**오를
지역만
짚어주는**
부동산 투자 전략

오를 지역만 짚어주는 부동산 투자 전략

채상욱 지음

위즈덤하우스

제2의 강남이 될 지역을 찾아라

지금 우리나라는 그야말로 역사의 소용돌이 한가운데 존재하고 있는 듯하다. 4월 27일에 열린 남북정상회담과 이후 잇달아 진행될 북미회담과 북중회담이라는 굵직한 안보 현안 가운데 6.13 지방선거까지 치르면서 지방자치단체도 큰 변화를 맞게 됐다.

남북경제협력이라는 이슈 때문에 건설 애널리스트인 나는 평생에 한 번 올까 말까 한 바쁜 시기를 보내고 있다. 남북경제협력의 파급력이 가장 큰 산업군이 바로 건설이기 때문이다.

이런 상황에서 세 번째 책을 쓰게 된 데에는 이유가 있다.

2018년 상반기 부동산 시장은 온탕과 냉탕, 아니 초고열탕과 초저온탕을 오가는 듯한 분위기였다. 1월부터 3월까지는 지금 당장 집을 사지 않으면 안 될 것 같은 기세로 맹렬히 상승하다가, 4월부터는 언제 그랬냐는 듯 거래량이 급감하면서 순식간에 냉각됐다.

사실 나는 4월 이후에 맞닥뜨리게 된 조정 기간이 딱히 새롭지는 않다. 부동산 시장의 냉각기마다 아파트 입주 물량 증가, 금리 상승, 경기 부진에 따른 위기론이 반드시 등장한다. 이런 패턴은 거의 매년 반복되는데 2015년에는 미국의 금리 인상으로 우리나라에서 자본이 다 빠져나갈 거라는 괴담이 있었고, 2016년에는 입주 물량이 급증하여 2018년까지 집값이 하락할 거라는 괴담도 있었다. 그 전에는 우리나라가 일본처럼 20년에 걸친 장기 침체에 이를 거라는 (일본을 잘 모르는 전문가들에 의한) 주장도 있었다.

부동산 위기론이 지겹게 반복됨에도 불구하고, 이제 막 부동산에 관심을 갖기 시작한 사람들은 쉽게 겁을 먹는다. 그래서 지금 막 '내 집 마련'에 대한 고민을 시작한 이들이라면 머릿속이 복잡할 거라고 생각한다.

그런데 우리나라의 부동산 시장, 특히 주택 시장에 위기가 올 가능성은 희박하다. 우리나라의 집값은 (KB 시세가 제시하는 대로) 1986년부터 2018년까지 32년간 단 두 번을 제외하고 쉬지 않고 올랐다. 그 두 번은 1998년의 IMF 위기와 2008년의 글로벌 금융위기다. 이 두 번의 외부 효과가 있었던 시기를 제외하고는 정도의 차이는 있을지언정 지속해서 상승해왔다.

그렇기 때문에 우리는 (내부 원인이 아닌 외부 원인 때문에) 단 두 번밖에 떨어지지 않았던 집값이 갑자기 떨어질 근거를 찾기 전에 집값이 끊임

없이 올랐던 이유에 대해 먼저 알아야 한다. 이제 막 대출을 끼고 내 집 마련을 계획하거나 집 한 채가 재산의 전부인 상황이라면 더더욱 부동산 시장에 대한 정확한 근거를 바탕으로 판단해야 하지 않을까.

나는 수많은 정보 속에서 끊임없이 흔들리고 불안해하는 이들에게 나름의 정확한 정보와 관점을 제시하기 위해 이 책을 썼다. 그뿐 아니라 우리나라 부동산 시장만이 가지고 있는 독특한 특징을 이해하고, 무주택자들을 위한 정책이 개발되거나 임차 시장을 발전시키는 방안에 대한 사회적 공감대가 형성됐으면 한다.

이 책은 세 가지 투자 아이디어를 중심으로 구성됐다.

첫 번째, 투자의 우선순위 지역을 설명하기 위해 서울 세력권과 각 도시의 세력권들을 설명했다. 서울 세력권이라는 말은 이 책에서 처음 나오는 말일 텐데, 이는 서울에서 도시생활을 해야 하는 사람들이 사는 지역과 그 규모를 의미한다. 서울 세력권은 단순히 '수도권'이라는 행정구역을 의미하지 않고, 실제로 사람들이 모여서 도시생활을 하는 범위를 말한다.

많은 도시가 각자의 세력권을 갖지만, 최소한 우리나라에서 가장 큰 세력권을 갖는 도시는 서울과 그 위성도시 일부로 구성되는 서울 세력권이다. 그러므로 투자 1순위는 당연히 서울 세력권 내에서 찾아야 한다. 그런 맥락에서 수도권 광역급행철도인 GTX에 대해서도 새로운 해석을 제시하고자 했다.

아마 이 책을 읽고 나면 생활하기 좋은 도시가 어떤 곳인지 자연스럽게 이해하고, 강남이 비싼 이유를 머리로는 받아들일 수 있을 것이다. 좋은 입지에 대해서도 자연스럽게 결론 내릴 수 있을 것이다. 1장, 2장, 8장이 이에 대한 내용이다.

두 번째는 세력권 안에서 어느 지역이 투자 가치가 있는지 설명했다. 이를 위해 도시를 개발단계의 측면에서 3개의 지역으로 구분했다. 첫 번째 지역은 원도심(구도심), 두 번째 지역은 1980~1990년대를 거치면서 개발된 택지개발지역, 세 번째 지역은 자급자족도시에 존재하는 도심이다. 안타깝게도 많은 도시가 자급자족도시가 되지 못한 채 베드타운화 돼버렸는데, 왜 그런 일이 생겨왔고 앞으로 그런 일이 벌어지지 않기 위해 각 도시들이 어떤 노력을 하고 있는지에 대해 썼다. 결국 투자는 자급자족도시의 중심에 하는 게 가장 좋은데, 그 지역들이 어디인지도 소개했다. 3장, 4장, 5장, 6장이 이에 대한 내용이다.

세 번째는 개별 아파트의 장단점 분석을 통해서 투자 아이디어를 제공하고자 했다. 예를 들어 신축 아파트와 구축 아파트 중 어떤 아파트가 투자 측면에서 매력적인지 설명했다. 또 특정 연식에 준공된 아파트가 상대적으로 저평가됐다는 점을 이야기하며 2010년과 2005~2006년 전후에 생긴 아파트 시장의 변화에 대해 언급했다. 7장, 9장, 10장이 이에 대한 내용이다.

세 가지 투자 아이디어 이외에 이 책의 마지막 부분에는 현 정부가 지향하는 부동산 정책의 방향성에 대해 언급했다. 지금과 같이 전용면적 85㎡ 초과 주택에 대한 양도세 중과 정책 등이 장기화됐을 때

부동산 시장이 어떻게 변할지 전망했다. 특히 전용면적 85m² 아파트를 중심으로 시장이 재편될 가능성이 높아 보이는데 그 이유에 대해 설명했다.

이 책이 나올 수 있도록 도와준 많은 분들에게 감사를 전하고 싶다. 모든 분들께 감사하지만 무엇보다 가족의 배려가 가장 컸다. 또 리서치센터 종합 1위에 빛나는 하나금융투자 기업분석실의 조용준 센터장 포함 선후배들의 도움도 컸다. 최근의 주택 시장 동향이나 주택의 기술적 측면을 설명하는 데 있어 삼성물산 빌딩사업본부의 김종호와 현대건설 주택마케팅본부의 유상미도 많은 도움을 줬다. 이에 감사를 전하고 싶다.

목차

3장 자급자족형 신도시에 투자하라

4장 도시의 발전 과정을 알면 투자 전략이 보인다

1장

무조건
서울 세력권에
투자하라

서울의 세력 범위는 더 넓어지고 있다

1

2018년 4월 이후 부동산 가격이 조정을 거치는 중이다. 조정 이후에 가격이 다시 오를지 내릴지에 대한 전문가들의 전망은 엇갈린다. 나는 먼저 우리나라의 주택 시장이, 외부 충격이 가해졌던 IMF와 2008년 금융위기를 제외하고는 지속적으로 가격이 상승해왔다는 점을 이야기하고 싶다.

우리나라의 부동산 시장은 수도권의 발전과 함께 성장해왔다. 서울을 포함한 경기도 주요 도시와 인천시로 구성된 수도권의 성장이, 한국 경제와 동반 성장해온 것이다. 그리고 당연히 이들 지역에서는 주택이 공급되는 속도가 성장의 속도를 따라가지 못해 집이 계속 부족했고, 이 과정이 수십 년 동안 반복됐다.

그 결과 우리나라의 주택 가격은 30년이 넘는 기간 동안 장기적으

로 상승해왔다. 경제 위기 시절을 제외하면, 만성적 주택 공급 부족
과 필연적 주택 가격 상승이 반복돼 온 것이다.

인구 절반이 수도권에 사는 이상한 나라

서울은 한국의 근현대화를 대표하는 도시이고, 우리나라의 수도권은
전 세계적으로도 특별한 지역이다. 왜냐하면 어느 나라를 둘러봐도
총 인구의 절반 정도가 한 지역에 몰려 사는 나라는 없기 때문이다.

우리나라의 수도권과 비슷한 개념인 '도시권'의 관점에서 보면 어
떨까. 역시 수도권보다 더 많은 사람이 사는 도시는 여럿 있다. 먼저
일본의 도쿄-요코하마권에 약 4천만 명이 살고, 인도네시아의 자카
르타권에 약 3천만 명, 인도 델리권에 약 2,700만 명, 미국 뉴욕권에
는 약 2,150만 명 정도가 산다. 한국의 수도권에는 약 2,500만 명이
거주하므로 세계 5위 수준이다.

그러나 나라의 인구 절반이 모여 사는 도시 지역은 우리나라가 유
일하다. 일본의 인구는 1.2억 명, 인도네시아는 2.6억 명, 미국은 총
인구 3억 명이 넘고, 약 2천만 명의 멕시코시티 권역을 갖고 있는 멕
시코도 총 인구는 1.2억 명 이상이다. 그러나 우리나라는 총 인구가
5천만 명 수준에 불과한데 수도권에 2,500만 명이 모여 산다. 그만큼
수도권이 갖는 위상은 특별할 수밖에 없다.

서울만 보면 어떨까. 서울의 인구는 2011년에 1천만 명을 넘었다

가, 2016년에 다시 1천만 명 아래로 내려갔다. 인구가 감소한 것이다. 그래서 종종 서울의 인구 감소를 거론하며 "다주택자 규제 강화에, 서울의 인구까지 감소하고 있는데 서울이 아닌 비서울 지역에 투자해야 하는 것 아니냐?"는 질문을 받곤 한다.

그런데 이런 생각은 하나만 알고 둘은 모르는 생각이다. 도시란 행정구역으로 무 자르듯 잘라지는 것이 아니다. 도시는 사람들이 모여서 사는 지역이면서 동시에 그 안에서 이뤄지는 행위들로 구성된다. 그렇기 때문에 도시의 경계를 명확히 긋기란 어렵다.

'행정구역으로서의 서울'은 경계와 면적이 명확히 정해져 있지만, '사람들이 모여서 도시 생활을 하는 도시로서의 서울'은 그 경계가 모호하다. 중요한 것은 서울의 인구 감소에도 불구하고, 서울이라는 도시의 실질적인 영향력을 의미하는 '서울 세력권'은 더 넓어지고 있고 더 강해지고 있다는 점이다. '세력(勢力)'이란 어떤 속성이나 힘을 가진 집단으로, '세력권'이란 세력이 미치는 범위를 말한다. 이런 의미에서 서울 세력권이란, 서울이라는 도시의 세력이 미치는 범위를 말한다.

서울 부동산의 영향을 많이 받는 수도권 지역은 따로 있다?

서울 세력권을 잘 나타내는 지표 중 하나로 '통근·통학 통계'라는 것이 있다. 12세 이상의 학생이나 직장인들의 통근·통학 인구를 지역별로 나타낸 것이다. 예를 들어 서울에 살고 있는 통근·통학 인구는 총 506만 명이다(2015년 기준). 서울 인구의 절반쯤 된다. 그런데 이 중 서울에서 서울로, 즉 서울 내에서 통근·통학하는 인구는 455만 명으로 전체의 88%이고, 나머지 12%는 서울 밖(주로 경기도)으로 통근·통학한다. 일반적으로 A도시에서 B도시로 통근·통학하는 인구가 전체 인구의 15%를 넘으면 A도시는 B도시의 세력권 내에 있다고 본다.

인천은 서울의 세력권에 포함될까.

2005년, 인천의 전체 통근·통학 인구 129만 명 중 서울로 통근·통학하는 인구는 13.5만 명으로 전체의 10.5%였다. 2010년에는 총 157만 명 중 서울로 통근·통학하는 인구가 17.2만 명으로 11%로 소폭 늘었고, 2015년에는 총 166만 명 중 19.1만 명이 서울로 통근·통학하며 11.5%로 다시 증가했다. 인천의 총 통근·통학 인구수도 증가했지만, 서울로 통근·통학하는 인구가 더 빠른 속도로 증가하면서 서울 세력권에 발을 걸치고 있는 상태다. 하지만 아직 서울 세력권이라 부르긴 어렵다. 다만 인천에서도 부평구(15.4%), 계양구(15.3%), 서구(13.2%) 등은 서울로의 높은 통근·통학률을 보이기 때문에 서울 세력권이라고 볼 수 있다.

그렇다면 경기도는 어떨까. 당연히 서울 세력권에 포함된다. 경기도의 총 통근·통학자는 2005년에 530만 명으로 서울과 비슷하고 이 중 102만 명이 서울로 통근·통학하여 19.3%의 비중을 차지한다. 2010년에는 총 664만 명 중 서울로 통근·통학하는 인구가 125만 명으로, 18.8%로 줄었지만 그 수는 23만 명이나 증가했다. 그리고

2015년에는 총 717만 명 중 서울로 통근·통학하는 인구가 128만 명, 17.8%로 비중은 줄었으나 그 수는 또 3만 명 증가했다. 결국 경기도에서 서울로의 통근·통학 인구수는 계속 증가한 셈이다. 다만 그 비중이 감소하면서 경기도가 점차 자급자족화 돼가는 모습을 보이고 있다는 점이 경기도의 변화 포인트다.

수도권 통근·통학 인구와 서울 통근·통학 인구

거주지	통근·통학 인구(명)	서울 통근·통학 인구(명)	비율(%)
전국	29,358,111	6,517,097	22.2
서울특별시	5,749,509	5,016,988	87.3
경기도	7,168,740	1,276,803	17.8
인천광역시	1,664,754	191,398	11.5

(2015년 기준, 출처: 통계청)

경기도를 좀 더 세분화하여 각 시별로 서울 세력권에 포함되는지 여부를 살펴보자. 그리고 통근·통학 통계와 도시별 특징들을 분석하면서 한 가지 기준을 제시하려고 한다.

첫 번째, 서울로 통근·통학하는 인구가 전체 인구의 10% 미만인 도시다. 이들 도시는 통근·통학의 비율에서 볼 수 있듯 서울 세력권 내의 도시가 아니다. '비서울 세력권' 도시다. 안성시가 1.7%로 가장 낮고, 평택시가 2.1%로 여주시 2.1%와 함께 두 번째로 낮다. 동두천시는 9.4%, 안산시도 7.1%, 오산시도 4.4%로 낮고, 시흥시도 8%로 낮다. 화성시 역시 5.2%, 포천도 3.8%다.

부동산 투자를 고려한다면 비서울 세력권 도시는 보수적으로 접근하기를 권한다. 물론 도시 전체가 투자 매력이 낮다고 이야기하는 것은 아니다. 서울뿐 아니라 다른 도시들도 각자의 세력권을 가지고 있고, 영향력을 행사한다. 그러나 서울 세력권이 존재하는데 굳이 비서울 세력권에 투자해야 할 이유가 있을까. 우선순위의 문제다.

두 번째, 서울로 통근·통학하는 인구가 전체 인구의 10%대인 도시다. 이들 도시는 아직 확실한 서울 세력권은 아닐지언정, 서울 세력권에 포함돼가는 도시들이다. 즉, '준서울 세력권' 도시로, 어떤 의미에서는 변화가 가장 큰 도시 후보군들이다. 왜냐하면 아직 서울 세력권은 아니지만 앞으로 서울의 세력 범위에 포함되면 다양한 부동산 시장의 변화가 예상되기 때문이다.

먼저 인천시는 서울로의 통근·통학 비율이 11.5%인데(2015년 기준), 이를 구별로 보면 중구는 8.6%, 동구는 8.2%로 서울 세력권이 아니지만, 부평구는 15.4%, 계양구는 15.3%, 서구는 13.2%로 높은 편이다. 그리고 이 세 개 구는 서울의 세력권에 포함되어 있다고 볼 수 있다.

수원시는 서울로의 통근·통학 비율이 아직 9.5% 수준이다. 장안구가 11.6%로 다소 높고, 특징적으로는 영통구가 9.7% 수준이지만, 최근 영통구의 통근·통학률이 올라가면서 점차 서울 세력권에 포함되고 있다. 그렇기 때문에 영통구는 앞으로 많은 변화가 생길 수밖에 없는 지역이다.

군포시는 19%로 이미 세력 범위에 놓인 곳이다. 그리고 다른 특징적인 도시로 용인시의 16.6%를 꼽을 수 있다. 용인시는 구마다 격차가 큰데 기흥구는 16.4%인 반면 수지구는 24.6%로 높다. 수지는 거의 성남시 수준으로 서울 세력권에 놓인 곳이라는 의미이며 그렇기 때문에 서울 부동산 시장의 영향을 받는다.

파주시는 12.6%인데, 파주와 고양시는 GTX(수도권 광역급행철도)가 건설되면 통근·통학 비율이 더 높아질 가능성이 있고, 그래서 앞으로가 더 기대되는 지역이다.

세 번째, 서울로 통근·통학하는 인구가 전체 인구의 20%대인 도시다. 이들 지역은 서울 세력권 도시로 볼 수 있다.

성남시는 25.9%로 확연히 서울 세력권에 포함된다. 그중에서도 분당구가 30.1%로 가장 높다. 특징이라면 최근 성남시의 통근·통학 비율이 더 낮아지고 있는데, 이는 판교의 부상과 성남시의 자급자족화에 의한 것이라고 판단된다. 서울의 세력 범위이면서 그 안에서 자급자족화가 가능한 도시는 부동산 시장에서 전망이 가장 밝은 곳이다. 그런 의미에서 성남시 부동산 시장은 서울 의존성을 낮추면서 독자적인 성격을 가질 가능성이 높다.

경기도를 대표하는 고양시는 29.7%로 서울 세력권에 포함되며, 특히 덕양구가 33.3%로 고양시에서 가장 높다. 의정부시도 29.2%로 완전한 세력권이고, 안양시도 22.7%로 완전한 세력권이다. 안양시의 경우 만안구(20.7%)보다 동안구의 통근·통학 비율이 24.1%로 더 높다. 다만 안양시는 성남시나 고양시보다 다소나마 그 비율이 낮다.

부천시도 24.5%로 완전한 세력권이고, 이 중 소사구가 27.2%로

서울 통근 · 통학 비율이 15% 이상인 경기도 지자체

거주지	통근 · 통학 인구(명)	서울 통근 · 통학 인구(명)	비율(%)
과천시	38,259	14,901	38.9
광명시	192,940	74,780	38.8
하남시	89,170	31,896	35.8
구리시	106,631	37,833	35.5
남양주시	356,094	106,928	30
의정부시	239,468	69,891	29.2
성남시	555,434	143,618	25.9
분당구	276,454	83,079	30.1
수정구	130,533	32,851	25.2
중원구	148,447	27,688	18.7
고양시	570,789	169,348	29.7
덕양구	242,411	80,729	33.3
일산동구	163,515	45,243	27.7
일산서구	164,863	34,376	26.3
부천시	498,146	121,809	24.5
소사구	127,659	34,722	27.2
오정구	107,551	27,611	25.7
원미구	262,936	59,476	22.6
김포시	193,202	45,653	23.6
안양시	351,494	79,906	22.7
동안구	207,805	50,163	24.1
만안구	143,689	29,743	20.7
의왕시	91,036	18,961	20.8
군포시	166,792	31,681	19
용인시	544,722	90,384	16.6
수지구	183,398	45,077	24.6
기흥구	227,683	37,363	16.4
처인구	133,641	7,944	5.9
양주시	113,773	17,332	15.2
경기도 총합	7,168,740	1,276,803	17.8

(2015년 기준, 출처: 통계청)

부천에서 가장 높다. 김포시는 23.6%다.

네 번째, 서울로 통근·통학하는 인구가 전체 인구의 30%대인 도시로, 이들 지역은 사실상 서울 세력권을 넘어 준서울급인 도시다. 이 중 과천시가 서울로의 통근·통학 비율 38.9%로 경기도 도시 중 1위다. 광명시는 38.8%로 2위인데, 이 두 도시는 매번 통계마다 엎치락 뒤치락하며 1, 2위를 다툰다. 흥미롭게도 이 두 도시의 지역번호는 '02'번이라는 공통점도 있다.

구리시도 35.5%로 상당히 높고, 남양주시도 30%로 높다. 하남시 역시 35.8%로 높은데, 남양주시도 다산진건신도시와 하남미사신도시 등의 서울 접근성이 높아진다면 이 비율은 더 높아질 것이다.

지금까지 살펴본 내용을 정리하면 경기도의 지역들은 서울 세력권이라는 기준으로 분류할 수 있고, 특히 인구의 20% 이상이 서울로 통근·통학하는 도시라면 확연한 서울 세력권이라고 할 수 있다. 정확한 기준이야 제시하기는 어렵지만, 서울로의 통근·통학 비율이

경기도 주요 도시의 통근·통학 비율

구분	준서울급 도시 (30% 이상)	서울 세력권 도시 (20~29%)	준서울 세력권 도시 (10~19%)	비서울 세력권 도시 (10% 미만)
수도권 주요 도시	광명시, 과천시, 구리시, 남양주시, 고양시(덕양구), 하남시, 성남시(분당구)	성남시, 의정부시, 안양시, 부천시, 고양시, 용인시(수지구), 김포시	인천시, 군포시, 용인시, 광주시	수원시, 평택시, 동두천시, 안산시, 오산시, 시흥시, 이천시, 안성시, 화성시, 포천시, 여주시

20%대인 도시의 부동산 가격이 서울의 부동산 시장과 연동하여 움직인다는 것을 부정할 이는 많지 않을 것이다. 그래서 투자 목적으로 집을 산다면 반드시 서울이나 서울 세력권 내의 도시에 먼저 마련하는 것이 좋다.

입지가 좋은
지역이란?

2

여의도는 금융기관으로 둘러싸인 업무중심지역이다. 7년째 여의도에 있는 직장을 다니며 느끼는 것은 낮에는 직장인들이 주변 상가나 공원에 가득하지만, 낮 시간대가 지나면 거리가 참으로 한산해진다는 점이다.

그런데 최근 여의도에 조용한 변화가 생기고 있다. 그것은 오전부터 낮 시간대에 30~40대 젊은 엄마들이 거리에 많이 보인다는 것이다. 그러면서 상권의 형태도 달라지고 있는데, 초기에는 직장인들이 식사하기 좋은 식당이 대세였으나 지금은 브런치를 즐길 수 있는 카페 느낌의 가게가 잇달아 오픈하고 있다. 이를 가장 드라마틱하게 보여준 것은 2018년 초, 여의도국제금융센터(IFC)에 키즈카페가 생긴 것이었다. 국제금융센터에 키즈카페라니! 그만큼 여의도는 직장인들만 이용하던 곳에서 최근 마포나 당산 일대의 젊은 엄마들이 자주 찾는 지역이 되고 있다. 이런 변화는 부동산 시장에서 좋은 변화일까 나쁜 변화일까? 당연히 좋은 변화다.

부동산 시장에서는, 이처럼 같은 공간을 두 그룹의 다른 주체가 이용하는 것을 교차 사용(Cross Use)이라고 부른다. 예를 들어 오전 시간대에는 아이를 어린이집에 보낸 엄마들이 주로 이용하다가, 점심시간에는 근처 직장인들이 이용하고, 오후 시간대에는 거주하는 사람들이 이용하는 지역은 교차 사용이 빈번한 지역이라고 말할 수 있다. 그리고 부동산 시장에서는 교차 사용이 많이 일어나는 지역을 "입지가 좋다"라고도 표현한다.

다양한 사람이 몰려들수록 부동산 가격이 높다

도시란 사람이 살고, 사람이 모여서 특별한 행위를 하는 곳이다. 그렇기 때문에 도시는 다양한 행위를 수행할 만한 물리적인 공간을 제공한다. 도시에서 이뤄지는 대표적인 활동으로는 주거, 업무, 상업, 근린생활, 의료, 교육, 여가, 문화, 위락, 제조, 농업 등이 있고, 이를 위한 공간들이 도시를 채우고 변화한다. 그리고 당연하게도 다양한 행위와 선택지를 가진 도시들이 그렇지 않은 도시에 비해 더 높은 가치를 가질 수밖에 없다. 우리나라에서는 서울이 가장 다양한 활동을 할 수 있는 곳이고, 가장 많은 교차 사용이 일어나는 지역이다.

교차 사용이 일어나는 정도도 지역마다 다르다. 같은 상업지역이라도 잠실과 여의도 상권의 가치는 다르다. 잠실 일대의 상가는 오전에는 영유아를 어린이집에 보낸 엄마들이 이용하다가, 점심시간에는 잠실대로나 롯데월드타워 주변 업무시설에 있는 직장인들이, 1~3시에는 다시 엄마들이, 3~4시가 되면 학생들이, 퇴근 시간에는 다시 직장인들이 이용하다가, 밤 9시가 넘으면 술집을 이용하는 사람들로 빼곡히 채워진다. 잠실 일대는 24시간 사람들이 이용하고 공간을 채운다. 여의도는 이제 겨우 오전과 점심시간대의 교차 사용이 이뤄졌을 뿐이다. 그래서 여의도 상업지역의 가치는 잠실의 그것보다 낮다.

　교차 사용을 하려면 당연히 서로 다른 생활 패턴을 가진 사람들이 몰려 살아야 한다. 더 근본적으로는 더 많은 사람이 살아야 한다. 그래서 교차 사용되는 지역의 부동산 가격이 그렇지 않은 지역보다 높은 것은 필연적이다.

　교차 사용은 잠실과 여의도와 같이 도시 내에서도 발생하지만, 도시와 도시 사이에서도 발생한다. 서울에서 성남으로, 성남에서 과천으로, 과천에서 평촌으로, 평촌에서 의왕으로, 의왕에서 용인으로, 용인에서 광주로 사람들은 이동하고, 다양한 도시 생활을 하고, 교차 사용한다.

　안양시 평촌 일대에 살면서 주말에는 판교 현대백화점이나 서판교의 상가를 이용하지는 않는가. 혹은 김포에 살면서 주말에는 일산서구 한류월드의 실내동물원 주렁주렁에 가지는 않는가. 혹은 강동구에 살면서 하남 스타필드를 이용하지는 않는가. 반대로 남양주시에 살면서 주말에는 코엑스 별마당도서관에서 책을 읽거나 주변 카페에 가지는 않는가.

이처럼 사람들은 도시 내에서 혹은 도시를 오가면서 공간을 이용한다. 그러기 위해서는 두 도시가 연결돼야 하고, 사람들이 많이 모여 활동할수록 그 공간은 더 큰 가치를 갖게 된다. 그런데 수도권에 사는 사람들이 가장 많은 도시 생활을 하는 공간이 바로 서울이다. 그래서 서울은 세력권을 갖는다.

같은 방식으로 인천도 세력권을 갖고 있고, 성남시도 세력권을 갖는다. 수원시, 고양시, 김포시, 화성시, 용인시 등 모든 도시는 각자의 세력권을 갖는다. 그러나 한국에서 가장 거대한 세력권은 바로 서울 세력권이다. 서울 세력권이란 결국 비슷한 도시 생활을 하는 사람들이 모여 있는 네트워크와 같다. 물론 통근·통학 통계만으로 도시의 세력권을 구분한다는 것은 다소 무리한 해석이다. 그러나 통근·통학 비율만큼 학업과 직장이라는 중요한 도시 활동을 잘 설명하고 있는 데이터가 없기 때문에 이를 인용했다.

수도권 부동산 가격을 결정하는 기준

서울 세력권으로 보기 어려운 (서울로의 통근·통학 비율이 10% 미만인) 도시는 거대한 네트워크에 들어오지 못한, 어떤 의미에서는 외톨이와 같은 상태다. 평택시, 오산시, 시흥시, 화성시, 포천시, 여주시, 동두천시, 안산시와 같은 도시는 각자 생산시설, 업무시설 등을 보유하고 있지만 작은 세력 범위를 갖고 있어서 그 지역의 부동산 가격을 충분히 상승시키지 못한다. 물론 미래에는 GTX나 광역철도 등을 통해서 상당한 교류가 생길 것이라 예상한다. 그렇지만 지금은 아니다.

그렇기 때문에 이들 지역에 공급된 주택들이 만들어내는 시세나 시장의 특성은 서울 세력권 내의 부동산 시장과도 연관성이 낮다. 그럼에도 많은 언론이나 전문가를 자칭하는 이들이, 화성, 오산, 평택에 과잉 공급된 주택들을 거론하며 수도권에 주택 공급이 많다고 주장한다.

이 지역들은 아직 물리적인 수도권일 뿐이다. 통상적으로 수도권의 주택 문제는 '서울 세력권' 내에 주택 공급이 과잉인지 아닌지 살펴보아야 좀 더 적절하게 설명된다.

서울 세력권 내의 도시의 주택 공급, 즉 분양과 청약 결과는 어땠는가. 이 지역들은 항상 주택 부족에 시달렸던 지역, 반대로 말하면 항상 수요가 더 많았던 지역이다. 그래서 이 지역의 집값은 30년 넘는 기간 동안 두 번의 외부 충격이 가해졌을 때를 제외하고 상승해왔다. 따라서 부동산 투자를 고려한다면 1순위는 무조건 서울 세력권이어야만 한다.

저 많은 집들은
누가 다 살까?

매년 11월 말에서 12월 초에는 주택 시장의 소유 변화를 나타내는 통계가 발표된다. 개인적으로 이 '주택 소유 통계'가 나올 때 가장 긴장되고 관심이 간다.

주택 소유 통계는 개인들이 지난 1년간 시장에서 어떤 움직임을 보였는지 확연히 보여준다는 점에서 무조건 관심을 두고 봐야 하는 통계다.

2017년 11월 17일에는 2016년 말을 기준으로 한 주택 소유 통계가 발표됐다. 이 통계를 통해 2016년 한 해 동안 개인의 주택 소유에 어떤 변화가 생겼는지 다음의 표를 통해 살펴보자.

주택 소유 통계 (단위: 만 가구)

구분	일반 가구 수	주택 소유 가구 수
2015년 말	1,911	1,070
2016년 말	1,937	1,074
가구 수 증감	26	4

(출처: 통계청)

2016년 말 기준 우리나라의 총 일반 가구 1,937만 가구 중 주택을 소유한 가구는 1,074만 가구다. 1년 전인 2015년 말에는 총 일반 가구 1,911만 가구 중 주택을 소유한 가구가 1,070만 가구였다.

표를 보면 2015년에서 2016년까지 1년 동안 우리나라의 일반 가구는 총 26만 가구가 증가했는데, 주택을 소유한 가구는 겨우 4만 가구가 증가했다는 것을 알 수 있다. 이 통계는 2017년 말에 발표됐는데, 자가를 보유한 가구의 증가 속도가 낮을 것이라고 생각했으나 이렇게 현저히 낮은 수준일지는 몰랐다. 통계대로라면 매년 건설되는 집의 85%는 유주택자가 사고, 15%의 무주택자만이 유주택자가 된다는 결론이다.

다음의 표를 보면 상황은 더욱 심각하다. 2015년 우리나라 총 가구는 1,956만 가구이고, 총 주택도 1,956만 호다(오피스텔 등 제외). 1년 사이에 총 가구는 28만 가구 증가했고 총 주택은 32만 호 증가했는데, 그중 무주택 가구가 26만 가구로 증가했다. 즉, 일반 가구의 총 증가는 죄다 무주택 가구라는 의미다. 1주택 가구는 오히려 12만 가

33

구 감소했는데, 그 이유는 2주택 가구(11만 가구 증가)나 3주택 이상 가구(1만 가구 증가)로 옮겨갔기 때문이다. 즉, 유주택 가구가 집을 더 샀다는 의미다.

가구 및 개인의 보유 주택 수 변화 (단위: 만 가구)

구분	내용	총계 (개인+ 개인 외)	개인					개인 외 (외국인· 국가· 지자체 등)
			일반 가구 소계	무주택 일반 가구	1주택 일반 가구	2주택 일반 가구	3주택 일반 가구	
2015년	가구 수	1,956	1,911	841	797	201	72	45
	보유 주택 수	1,956	–	0	797	402	535	222
2016년	가구 수	1,984	1,937	867	785	212	73	47
	보유 주택 수	1,988	–	0	785	424	562	217
증감	가구 수	28	26	26	(12)	11	1	2
	보유 주택 수	32	–	–	(12)	22	27	(5)

(출처: 통계청)

2017년 말의 통계는 2018년 말에야 나올 것이니 아직은 짐작하기 어렵다. 다만 어림짐작한다면 앞으로도 무주택 가구가 유주택 가구가 되는 것보다 유주택 가구가 추가로 주택을 더 구입할 가능성이 높다고 본다.

이런 맥락에서 어찌 보면 현 정부가 유주택 가구 중 다주택 가구를 대상으로 주택 보유의 부담을 높이는 것은 지극히 당연한 일이다. 그리고 다주택자들의 주택 소유 부담을 높인다면 반대로 무주택 가구의 주택 취득의 기회 역시 높여줘야 균형이 맞는다.

그러나 무주택 가구의 주택 취득의 기회는 더 줄었다. 2015년까지 주택담보대출비율(LTV)은 집값의 70%였지만 지금은 40~60%로 낮아져 자본금을 더 마련해야 한다. 정부는 가계 대출의 규모가 높기 때문에 국가 전체의 금융 안정성을 높이기 위해 대출 한도를 낮췄다고 하지만 사실 대출 한도를 일시에 조절하는 정책은 시장에 불신만 가져오고 시장을 더 예측하기 어렵게 한다.

2017년 8.2 부동산 대책으로 주택담보대출비율은 70%에서 40%로 낮아졌다. 그래서 8월 이전 주택 매수자는 대출을 집값의 70%를 받을 수 있었고, 9월쯤 집을 사려 했던 사람들은 아예 매수 대금이 부족해서 집을 사지 못하게 됐다. 그리고 2017년 4분기, 서울의 주택 가격은 누적 3% 이상 상승했다. 3% 상승이란 실제로는 개별 아파트 중 매매 가격이 10% 이상 오른 아파트들이 대거 속출했다는 의미로, 강화된 대출한도 때문에 주택 매매를 미뤄야 했던 이들은 쓰린 속을 달래야만 했다.

2장

강남을 알아야 오르는 부동산이 보인다

서울 최초의 계획 도시 '강남'

현대식 도시하면 떠오르는 이미지가 있다. 바로 초고층의 마천루와 격자형 가로망체계로 직선의 도로가 끝없이 펼쳐진 장면이다. 이런 현대식 도시의 이미지를 전 세계적으로 유행시킨 사람은, 건축학에서 가장 유명한 사람 중 하나인 프랑스의 르 코르뷔지에(Le Corbusier)다. 그는 1922년에 '빛나는 도시(The Radiant City)'라고 불리는 계획안을 발표하는데, 여기에서 '직선'을 강조한다.

> 사람은 목적이 있기 때문에 똑바로 걷는다. 그는 가는 곳을 알며, 어디로 갈 것인지를 정한 다음 그곳을 향해 똑바로 걸어간다. 당나귀는 갈지자를 그리며 걸어가고, 조금 빈둥거리며, 믿음이 가지 않는 멍한 두뇌로 큰 장애물을 비켜가고, 비탈길을 피

해, 그늘을 찾기 위해 갈지자를 그리며 간다. 당나귀는 가능한 노력을 적게 한다. 사람은 이성을 통해 자신의 감정에 응한다. 그는 목적을 위해 감정과 본능을 억제한다. (…) 그런데 현대도시는 직선에 의해 유지되고 있다. 건물, 하수구, 배수구, 차도, 보도 등의 건설, 교통은 직선을 필요로 한다. 직선은 도시의 정신만큼이나, 건전한 것이어야 한다. 곡선은 비용이 많이 들고 힘들며, 위험하다. 곡선이 교통을 마비시킨다.

서울의 강남을 설명할 때 반드시 하는 표현이 있다. 바로 '직교형 가로망체계'와 '초고층 업무시설'이다. 즉, 서울은 세계적으로 통용되는 현대적 외관의 도시라는 의미다. 그리고 강남이 이를 대표한다. 그런데 강남이 이런 지역이 될 수 있었던 배경은 무엇이었을까.

강남이 비쌀 수밖에 없는 이유

한국전쟁 직후인 1955년, 157만 명이었던 서울의 인구는 1963년에 300만 명을 넘기면서 단기간에 총 인구가 두 배나 증가한다. 사대문 주변으로만 구성된 서울의 원도심은 갑작스럽게 밀려오는 인구를 수용하기에 급급했다. 예상보다 너무나 빠른 도시화로 인해 서울은 제대로 계획할 시간도 없이 난개발이 될 수밖에 없었다.

그렇다고 서울에 도시계획이 없었느냐 하면 그렇지는 않았다. 서울시는 1965년에 향후 10년을 대비하는 10개년 계획을 수립하고 1966년에 서울도시계획도 발표했다. 당시 서울은 20년 안에 500만 명이 살 것이라는 전제로 도시계획을 세웠다. 그런데 계획을 수립한 지 불과 5년만인 1970년에 이미 서울 인구는 554만 명으로 목표치를 훌쩍 넘겼다. 서울의 원도심은 모두 그랬지만 특히 중구, 동대문구, 종로구, 마포구는 사람으로 가득 찼다.

당시 대통령이었던 군인 출신 박정희 입장에서는 전쟁의 가능성을 고려하면 서울에 300만 명 이상의 인구가 몰리는 것은 감당하기 어려운 수준이었다. 그래서 서울 최초이자 최대 규모의 영동대개발을 계획했고, 그것이 우리가 잘 알고 있는 강남의 시작이었다.

주로 강북 지역에 위치한 서울의 원도심은 도로망이나 도시 기반 시설이 충분히 확충되지 못했고, 무허가 건물로 가득 찼다. 도시계획이 없던 것은 아니지만 인구 증가가 그보다 더 빨랐기 때문에 계획도 펼치기 전에 사람들에 의해 점령당한 것이다. 그러나 강남은 시작부터 철저한 계획도시로 설계됐다. 그리고 그 당시 전 세계 도시 계획가들이 가장 선호했던 '빛나는 도시 스타일'로 기획된다.

'빛나는 도시'는 자동차라는, 그 당시 기준에서 친환경적인 교통수단을 적극적으로 받아들였다는 점에서 혁신적인 모델이었다. '친환경적'이라는 말이 의아하게 들릴지 모르겠지만, 자동차는 말이나 당나귀에 비해서 오히려 더 친환경적으로 여겨졌다. 말이나 당나귀는 길거리를 소음과 배변과 냄새로 뒤덮지만 자동차는 그렇지 않았기 때문이다. 그리고 속도도 빨랐다. 그런 '빛나는 도시' 모델을 가장 잘

받아들인 지역 중 하나가 바로 '강남'이다.

강남은 시작부터 기획됐지만, 건설 과정에서 행운도 따랐다. 1980년대에 강남 인구가 100만 명을 넘기 시작하면서 현대식 도시의 주요 기능이라고 할 상업시설, 업무시설, 근린편의시설에 대한 요구가 대량으로 발생했다. 강북 대부분의 지역에 이미 건물이 들어선 것과 달리 강남의 대규모 간선도로변에는 업무시설을 지을 만한 토지가 널려 있었기 때문에 이런 요구에 대응할 수 있었던 것이다. 강남, 역삼, 선릉, 삼성역이 지나는 2호선과 지하철 3호선 그리고 강남대로, 반포대로, 영동대로를 따라 고층의 업무시설과 배후 근린시설이 대규모로 배치되고 편의시설도 들어선다. 그다음부터는 일사천리였다. 그렇게 강남은 업무·주거·상업·교육·문화·체육·의료시설과 관공서까지 차곡차곡 들어서며 빛나는 도시로서의 골격을 갖춘다.

도시는 주거·업무·상업·교육 등 다양한 기능을 갖는다. 그런데 지금 우리나라는 수도권만 보았을 때, 필요한 대부분의 기능이 서울에 대거 집중돼 있다. 서울 안에서도 서초·강남·송파구인 강남 3구에 초밀집해 있다. 즉, 강남은 필요한 도시 기능을, 현재까지는 가장 완벽하게 제공하는 공간인 셈이다. 그래서 자연스럽게 많은 사람이 살고 싶어 하는 지역이 된 강남은 부동산 시장에서도 특별한 위치일 수밖에 없다.

2

베드타운이
많아도 너무 많다

1978년생인 나는 제주도 종달리에서 태어났다. 지금은 올레길 1번 코스로 유명해서 많은 관광객들이 찾는 지역이다. 그러다 부모님께서 내가 4살 무렵에 숫자를 1부터 100까지 셌다는 이유만으로(솔직히 추억 보정이 필요한 기억일 게다) 자녀 교육을 위해 당시 담배 농사를 짓던 밭과 고향의 집을 정리하고 서울 상경하듯 제주시로 상경했다. 듣기로는 밭을 평당 150원에 팔았고, 집은 200만 원 정도에 팔았다는 것 같은데 정확한 가격은 아무도 모른다.

그러다 노태우 대통령 시절이 되면서 갑작스럽게 인플레이션이 찾아왔고, 부모님은 밭과 집 가격이 모두 10배가 올랐다면서 억울해하셨다. 물론 그 이후 부모님이 농사를 지었던 밭의 가격은 약 1만 배가 올라 현재 평당 150만 원쯤 한다. 그래서 부모님께 전두환의 제5

공화국 시절은 기억하기 싫은 시절이 됐다.

우리 집만 이랬던 것은 아니다. 전두환의 제5공화국 시기는 확실히 변화무쌍한 시절이었다. 결론부터 말하면 전두환 시절에 입법되고 효력을 발생한 '택지개발촉진법'은 한국의 도시구조를 원천적으로 변화시키는 기폭제가 됐다. 서울이라는 도시, 특히 강남이라는 지역이 지금 현재 가장 강력한 영향력을 가질 수밖에 없게 된 서울 세력권이 완성된 시점이 이때였다.

택지개발촉진법. 이름 그대로 주택 건설을 위한 토지(택지) 공급을 촉진하기 위한 법이었다. 당시 급격한 도시화와 시급한 주택난을 해소하기 위해 만들어진 법인데, 문제는 토지를 수용하는 과정이 폭력적이고 강제적이었다는 것이다. 국가가 어떤 토지를 택지개발지구로 지정하면 해당 지역은 보상을 거쳐 국가 소유가 됐다. 토지 소유주들의 권한은 박탈됐고 의견은 묵살됐다. 그리고 택지개발촉진법 지구로 지정되면 토지 이용에 관한 규제도 모두 통과할 수 있었다. 그야말로 법 위의 법, 초월적 법령이었다.

더 큰 문제는 택지개발촉진법에 의해 개발된 지역이 모두 '주택만 즐비한' 지역이 돼버렸다는 것이다. 이 지역에는 주거 이외에 다른 도시 기능이 사실상 없거나 빈약했고, 오로지 주택만 가득 공급됐다. 이것이 우리나라 도시구조의 가장 큰 문제점이다.

실제 사례를 살펴보자. 택지개발촉진법 이후 공급된 서울의 택지개발지구인 개포지구가 대표적인 지역이다. 개포지구는 전체 면적

100% 중 도로 등이 41%, 공원과 녹지가 13%, 상업용지가 7%, 학교가 6%로 구성됐다. 그리고 주거지역이 33%다. 즉, 도로를 제외하면 주거지역이 가장 넓다. 주거 이외의 다른 기능은 빈약하다는 의미다.

도로 면적이 이렇게 넓다는 것에 다소 놀랄 텐데, 차량 중심으로 설계된 도로 폭은 넓을 수밖에 없으며, 르 코르뷔지에의 '빛나는 도시'의 문법을 열심히 따른 전 세계 메트로폴리탄 지역의 도로 면적은 대부분 이처럼 넓다.

이와 비슷한 택지개발지구인 서울의 강동구 고덕동 일대, 송파구 가락동 일대, 중랑구 신내동 일대, 노원구 상계동 일대도 소위 주거 면적 비중이 30%를 넘는다. 일반적으로 도로와 공원 면적이 전체 지역 면적의 50%를 훌쩍 넘으면, 나머지 면적 30%를 주거 면적으로 사용해야 하는데 그러면 다른 용도로 쓸 땅은 없었다. 이런 지역을 점차 '베드타운'이라고 부르게 된다.

1기 신도시로 대표되는 성남시 분당, 고양시 일산, 안양시 평촌, 부천시 중동, 군포시 산본과 전국의 신시가지도 마찬가지다. 이 지역은 서울보다 한술 더 떠서 아예 아파트 숲을 이룬다. 1기 신도시는 노태우 정부의 주택 공급 200만 호 건설 계획에 따라 공급된 지역인 만큼, 주거 공급이라는 목적 자체에 더 집중한 지역이다. 그래서 거대한 아파트촌과 교육시설, 차량 친화적인 도로가 가득하다.

도시별로 살펴보면 분당의 주거지역 비중은 32.3%, 일산은 33.4%, 부천시 중동은 34.4%, 안양시 평촌은 37.8%, 군포시 산본은 43%로 주택 면적 비중이 가장 높다. 특히 산본은 베드타운 신도시의 정점이다. 주거지역 비중 43%인 산본에서 32%인 분당에 갔을 때 약간의 쾌적함을 느꼈다면 그것은 기분 탓이 아니다. 실제 통계가 주는 자연스러운 감정이다.

1기 신도시의 도시구조 (단위: 천m², %)

구분	전체 합계	비중	분당	일산	평촌	산본	중동
주택용지	17,230	34.4%	6,350	5,261	1,931	1,811	1,877
상업 · 업무용지	3,866	7.7%	1,640	1,233	247	178	568
공공시설 용지	29,044	57.9%	11,649	9,242	2,928	2,214	3,011
도로	10,388	20.7%	3,860	3,290	1,187	639	1,412
공원 · 녹지	9,548	19%	3,810	3,705	801	649	583
공용 의청사*	676	1.3%	166	92	150	100	168
학교	2,402	4.8%	732	584	343	327	416
기타	6,030	12%	3,081	1,571	447	499	432
계	50,140	100%	19,639	15,736	5,106	4,203	5,456
주택용지 비중		34.4%	32.3%	33.4%	37.8%	43.1%	34.4%

* 공공기관이 들어설 토지

1기 신도시 이후에 2기 신도시들이 계획된다. 그러나 안타깝게도 2000년대에 공급된 2기 신도시인 위례, 검단, 김포 한강, 파주 운정, 용인 동탄, 하남 미사 등의 주거 면적 비중도 크게 다르지 않다. 바로 이 지점이 우리나라 신도시들의 뿌리 깊은 문제이고, 미래에 맞닥뜨리게 될 큰 숙제다.

먼저 동탄신도시의 주거지역 비중은 32.3%, 동탄2신도시는 31.8%다. 김포한강신도시는 34.4%, 파주운정신도시는 36.4%다. 경기도의 양주(옥정·회천) 37.4%, 위례신도시 36.7%, 평택고덕국제화신도시 29.1%, 인천검단신도시 37.1%가 주거지역으로 사용됐다. 수원의 광교신도시만이 혁신적으로 낮은 18.4%인데, 이에 따라 광교라는 도시가 갖는 강점과 투자 매력에 대해서는 뒤에서 설명하겠다. 이렇게 광교를 제외한 2기 신도시 전체가 평균 30%대의 주거 면적을 갖는다. 1기 신도시와 다를 게 없다는 의미다.

도로와 집으로만 가득한 신도시에 주거 이외의 도시 기능이 스스로 들어서기를 바라는 것은 무리가 아닐까. 콩 심은 데 콩 나고 팥 심은 데 팥이 날 텐데, 콩도 팥도 안 심으면서 콩과 팥이 나기를 바라는 것은 불가능한 일이다.

수십 년에 걸친 택지 공급은 그 목적을 달성한 것처럼 보인다. 2009년을 기준으로 우리나라의 주택보급률이 100%를 달성하게 된 것이다(가구 수 기준). 이른바 '절대적 부족'의 해소다. 다만 그 과정에서 우리나라 수도권의 도시구조도 기형적으로 고착화된다.

이제 서울과 경기도의 도시는 극단적으로 말해 '다양한 도시 기능이 밀집한 서울과 강남권'과 '서울을 둘러싸는 베드타운 신도시'라는 아주 단순한 구조를 갖게 됐다. 이것이 바로 서울 세력권의 완성이다.

3

직주근접이
대세일 수밖에 없는 이유

2017년 9월, 김현미 국토부장관이 취임한 후 건설·주택업계와 간담회를 할 때다. 업계 최초의 간담회였고 연속적인 부동산 규제가 나오던 시점이었기 때문에 언론의 관심도 높았다. 그런데 그날 행사에서 가장 의미심장한 말을 한 것은 조기행 SK건설 부회장이었다. 그는 역대 최대폭으로 삭감된 2018년의 SOC(사회기반시설) 예산 문제를 꼬집으며 이렇게 말했다.

"우리나라의 통근 시간은 OECD 주요국 평균인 28분보다 두 배 더 많은 58분이고, 국민 1인당 도시공원 면적도 8.6㎡로 선진국에 비해 턱없이 부족합니다. 안정적인 일자리 창출 기반 마련과 국민 복지, 안전 향상을 위해 SOC 인프라 투자 예산을 지속적으로 확대해주십시오."

조기행 부회장의 말대로 우리나라의 출퇴근 시간은 OECD 국가 중 가장 길다. 우리나라는 전체 통근 시간이 58분으로 OECD 꼴찌 수준이다. 심지어 중국의 47분보다도 길다. 남자의 경우는 더 긴데 74분으로, 여자의 42분에 비해 현저히 높다.

이쯤 되면 독자들도 눈치챘겠지만 원인은 사실 도시구조에 있다. 도시의 주된 기능이 서울에만 집중돼 있고 경기도의 신도시들은 베드타운으로 조성됐기 때문이다. 출퇴근뿐만이 아니다. 주말의 여가·문화·위락 활동과 일과 이후의 교육·의료·근린시설의 이용 등 거의 모든 도시 생활을 영위하려면 거의 대부분 서울에서 해결해야 한다. 그래서 출퇴근 시간은 서울 세력권이 넓어질수록 더 길어질 수밖에 없다.

정부라고 이런 문제를 모를까. 사실 문재인 대통령도 후보자 시절에 '30분 출퇴근 공약'을 하면서, 수도권의 평균 출퇴근 시간이 무려 한국 평균 58분보다 1.5배나 더 긴 96분이라고 말한 적이 있다. 출퇴근 시간이 전국 평균 58분, 수도권 평균 96분인 나라. 그것이 서울과 수도권의 도시개발 구조로부터 왔다는 것을 지적하고 싶다.

서울, 특히 강남의 집값이 상승하는 것은 단순히 투기 세력이 조장한 결과가 아니다. 나는 강남의 주택 가격 상승이 다주택자의 투기적 움직임 때문이라고 지적했던 국토부 장관의 프레젠테이션을 처음 접했을 때 가슴이 먹먹해졌다.

평균 출퇴근 시간

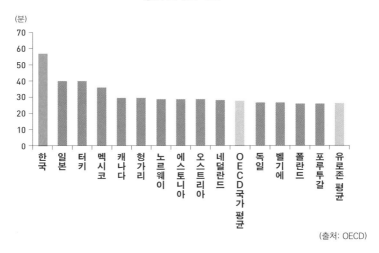

(출처: OECD)

강남의 성공은 태어날 때부터 정해졌다는 것을 아는 것이 우리나라 부동산 시장을 이해하는 핵심이다. 강남의 탄생 이후 강남을 위협할 만한 서울과 수도권의 평지가 있었는데, 그것을 전두환·노태우의 두 정권이 모조리 베드타운으로 개발하면서 안타깝게도 강남을 대체할 물리적 지역을 다 써버린 것이 첫 번째 실수다. 이후 참여정부나 MB 정권, 박근혜 정권이 지나면서도 아무것도 달라진 것은 없었다. 이것이 두 번째 실수다.

집을 팔면
바보인 세상이 왔다

작년에 8.2 부동산 대책이 발표됐을 때 언론에서 '왜 보유세는 인상하지 않느냐?'는 지적이 이어졌다. 맥 빠지는 순간이었다. 아니 대체 보유세가 뭐라고 모든 언론이 나서서 보유세 인상을 이야기한단 말인가. 덕분에 8.2 부동산 대책이 갖는 후폭풍을 파악하는 데 시간이 조금 걸렸던 것 같다.

서울의 집값이 오르기만 하면 꼭 보유세 이야기가 나온다. 보유세가 우리나라 부동산 시장의 최후의 보루로 인식되는 것 같다. 그런데 사실 다주택자에게 가장 큰 충격으로 다가온 것은 보유세가 아닌 양도소득세다.

8.2 부동산 대책으로 최대 양도소득세율이(지방소득세까지 포함하여) 종전 44%에서 68.2%(주택임대사업자로 등록하지 않은 3주택자 기준)로 상

승했다. 주택임대사업자로 등록하지 않을 경우, 2018년 4월부터는 장기보유특별공제도 받을 수 없으므로 실제 세금 규모는 종전 대비 두 배 이상 차이가 난다. 최근 10년 동안, 세금과 관련하여 이 정도로 강력한 대책은 없었다.

다음은 양도소득세율 개정 내역이다.

양도소득세율 개정 내역

과세표준	기본세율	2주택자	3주택자 이상
1,200만 원 이하	6%	16%	26%
1,200~4,600만 원	15%	25%	35%
4,600~8,800만 원	24%	34%	44%
8,800~1억 5,000만 원	35%	45%	55%
1억 5,000만 원~3억 원	38%	48%	58%
3억 원~5억 원	40%	50%	60%
5억 원 초과	42%	52%	62%

양도소득세 강화는 고가 아파트를 보유할수록 더 크게 다가온다. 대치동 은마아파트(1979년 준공, 4,424세대)를 2002년에 4억 원을 주고 사서 현재까지 보유한 다주택자가 있다고 하자. 15억 원대인 이 아파트의(전용면적 84㎡, 2017년 12월 기준) 양도소득세는, 인상되는 2018년 4월 이전과 이후에 얼마나 차이가 날까.

다음은 은마아파트를 15억 원에 판다고 가정할 때 계산한 세금이다. 보유 비용 약 1억 원을 차감하면 양도차익은 10억 원이다. 2018년 4월 이전까지는 다주택자 장기보유특별공제가 적용되어 10년 이상

보유하면 총 30%의 장기보유특별공제를 받을 수 있었다. 그러면 과세표준액은 10억 원의 30%인 3억 원이 공제된 7억 원이다. 양도차익 7억 원에 대한 세율은 44%이므로 납부해야 할 양도소득세는 총 2억 7,860만 원이다.

2018년 4월 전후의 양도소득세 차이(3주택자 기준)　　　　　　　　　　(단위: 만 원)

구분	2018년 4월 이전에 매도할 때	2018년 4월 이후에 매도할 때
취득가액(2002년)	40,000	40,000
양도 실거래가	150,000	150,000
보유 비용(추정치)	10,000	10,000
양도 차익	100,000	100,000
장기특별보유공제	30%	0%
과세표준	70,000	100,000
세율	44%	68.2%
계산세금	30,800	68,200
누진공제	2,940	3,540
양도소득세	27,860	64,660

그런데 2018년 4월 이후에 매도하면 다주택자의 장기보유특별공제가 배제되어 과세표준이 7억 원에서 10억 원으로 오른다. 다주택자의 장기보유특별공제가 사라지는 것만으로 이미 10년 이상 주택을 보유한 다주택자라면 세금 부담이 43% 이상 높아진다는 의미다. 결과적으로 납부해야 할 양도소득세는 총 6억 4,660만 원이다.

그런데 여기서 한발 더 나아가 다주택자의 경우 2주택자라면 추가

10%, 3주택자 이상이라면 추가 20%의 세금이 중과된다. 즉, 2018년 4월 기준으로 양도소득세의 차이는 2억 7,860만 원에서 6억 4,660만 원으로 총 132% 증가하는 것이다.

앞으로 모든 다주택자들은 청약조정대상지역에서 주택을 매매할 때 세금 부담이 132~580%까지 증가한다. 역사상 이 정도로 높은 수준의 양도소득세율은 없었다. 그러니 이제 다주택자들이 집을 파는 것은 가장 바보 같은 일이 됐다. 굳이 최대세율을 내가면서 집을 팔 이유가 있을까? 그래서 앞으로는 집을 팔지 않고 증여를 통해 가족에게 부를 이전시키는 작업이 활발해질 것으로 예상된다.

2017년 겨울, 한 공공기관의 은퇴자 모임에서 강연 후 질문을 받았는데 가장 놀라왔던 점은, 거의 모든 참석자가 상속이나 증여에 대해 세무사 못지않게 열심히 공부하고 있었다는 점이다. 그래서 앞으로도 상속이나 증여 관련 세무사들이 훨씬 바빠질 것으로 본다.

상황이 이렇게 흘러가자 8.2 부동산 대책 이후에 다주택자들이 집을 팔 것이라고 예상한 정부의 입장이 난처해졌다. 누가 수익률이 가장 낮을 때 집을 팔겠는가.

3장

자급자족형 신도시에 투자하라

판교
: 경기도 자급자족도시의 롤모델

삼성물산에 입사하여 2006년부터 2년간 천안의 LCD 근무 현장에서 일할 때였다. 어느 날 현장의 구매 담당 대리가 사무실에 들어오자 사무실에 앉아 있던 40여 명의 직원들이 "우와~ 축하해" 하며 박수를 쳤다. 나는 '결혼을 하나?' 싶어서 "왜 박수 치는 거예요?" 하고 물었는데 바로 "판교 아파트에 당첨"돼서 축하한다는 것이었다. 현장에서 판교 아파트에 당첨된 사람은 그 대리 한 명뿐이었다.

판교 청약에 당첨된 그 대리는 가만히 앉아 있던 나를 보고 씨익 웃으며 이렇게 말했다.

"상욱아, 지금부터라도 부동산 공부해라(주식하지 말고)."

그게 내가 처음으로 경험한 판교의 존재감이었다. 도대체 판교가 어떤 곳이기에 사람들이 전부 박수를 친단 말인가.

돌이켜보면 그 당시 사람들 중에 판교를 깊게 이해한 사람은 없었을지 모른다. 왜냐하면 판교의 가치는 2010년대 들어서야 서서히 발휘됐기 때문이다. 판교는 1기 신도시나 2기 신도시에서 찾기 어려운 '자급자족도시'였다는 점에서 모든 것이 달랐다.

강남을 대체하는 업무밀집지역의 잠재력

판교는 개발 목표부터 남달랐다. 노태우 시절의 1기 신도시들이 주택 중심으로 획일화되면서 베드타운화 되는 가운데, 강남이 업무시설들로 밀집해지자 강남에서 10km 권역에 위치한 판교가 서울의 업무시설을 이전할 만한 대체지로 거론된다. 이미 근교에 분당이라는 걸출한 주거 중심 신도시가 위치했기 때문에 판교는 주거보다 업무시설이 주축이 되는 토지이용계획을 선택한다.

판교는 전체 도시 면적(9.3km²) 중 주택 면적이 25.5%, 공원녹지가 29.2%, 도로가 17.3%, 기타공공용지 16.9%로 기획됐다. 마지막으로 상업·업무용지를 7.7% 배치하는데, 상업·업무용지에는 첨단산업관련도시형공장(지식정보센터), 벤처기업집적시설, 소프트웨어사업용시설, 에듀파크(전문대학원, 직업훈련소, 교육연구시설 등) 등을 건설했다. 이곳이 지금의 판교 IT밸리를 형성하는 핵심 권역으로 발전하게 된다.

판교는 8.7만 명을 수용하는 것을 목표로 전체 2.9만 가구를 공급할 계획이었다. 그래서 전체 도시 면적의 총 25%를 할애하여 주택 공급 계획을 수립한다. 주택은 전체 2.6만 가구가 공급됐는데 그중 아파트는 총 2.4만 호였고 민간 분양이 1.4만 호, 공공임대가 1만 호다. 주거 밀도는 분당의 1/2, 평촌의 1/3 수준에 불과하여 쾌적하게 설계됐다는 특징도 갖는다.

판교를 자급자족도시로 만든 원동력은 상업·업무용지다. 판교의 상업·업무용지 면적 비중은 총 7.7%로, 현재 해당 지역은 판교의 '테크노밸리'로 불린다. 비중이 높지 않다고 생각할 수 있겠지만 판교의 힘은 '면적'에서 나온다. 판교는 총 면적 9.3km²의 거대한 신도시이기 때문에 8% 정도의 업무시설만으로도 충분한 업무 밀집 지역의 효과를 낼 수 있다.

주거 밀도가 낮게 계획된 판교는 테크노밸리가 성공하자 주택 수요가 판교를 넘어 분당과 평촌, 의왕, 용인, 서울까지 미친다. 서울에서 가장 많은 인구가 통근·통학하는 지역이 바로 성남시다. 이른바 판교 효과, 판교 세력권이 만들어졌다고 봐도 무방하다.

지인들 중에 판교역 인근 기업에 입주한 이들이 있는데, 이들은 판교 아파트의 가격이 상승하는 것을 지켜보다가 매수 시점을 놓쳐서 평촌이나 신분당선을 따라 용인 수지구의 풍덕천, 신봉 지역으로 이주했다. 물론 여건이 되는 이들은 당연히 판교로 이사했고, 분당의 이매촌으로 이사한 이들도 있다.

판교의 위대한 점은 수도권 베드타운 택지개발신도시들에게 자급자족도시로 발전할 수 있는 성공 사례를 제공했다는 데 있다. 즉, 판교는 경기도 자급자족도시의 롤모델이라고 봐도 충분하다.

2

광교

: 집이 적을수록 집의 가치가 오른다

누군가는 광교를 '미니 판교'라고 부르기도 한다. 사실 이 말에는 광교의 모든 특징이 담겨져 있다고 해도 과언이 아니다. 광교는 모든 2기 신도시 중에서 (면적 기준으로) 주택 용지의 비중이 가장 적은 곳이다. 광교가 이런 차별점을 가질 수 있었던 배경에는 개발 방식의 차이가 있다.

그동안 신도시들은 주로 택지개발촉진법에 따라 '택지개발'을 해왔다. 택지개발이란 LH 한국토지주택공사가 해당 지역을 전부 수용한 후 공영 방식으로 개발하는 것으로, 대규모 주택 중심의 신도시를 지을 때 효율적인 방법이다.

그런데 신도시 개발에는 '도시개발'이라는 방식도 있다. 도시개발은 택지개발에 사용되는 수용 방식은 물론 '환지(換地)' 방식도 가능하다는 점에서 근본적인 차이가 있다. '환지'라는 말이 어려운데 풀이하자면 '땅으로 돌려받는다'는 의미다.

예를 들어 다음의 그림처럼 경기도의 미개발 지역을 개발하려는 토지주나 사업자가 있다고 하자. 그가 직접 개발하려고 한다면 자금을 조달해서 토지를 구획하고 정리해야 하는 데 이때 비용이 발생한다. 환지란, 부지 조성 사업 등에 투자한 비용을 돈 대신에 용도가 변경된 땅으로 돌려받는다는 의미다. 일반적으로 환지 방식은 100%의 토지 중 공공시설용지(도로, 공원, 녹지 등)가 40% 정도로 사용되고, 전체 사업비용을 충당할 체비지(替費地, 토지 구획 정리 사업의 시행자가 그 사업에 필요한 재원을 확보하기 위하여 환지 계획에서 제외하여 유보한 땅)가 약 10~20% 충당되면 나머지 토지 50% 미만 정도가 토지주에게 환지된다. 즉, 토지주는 전체 토지 중 50~60%를 돌려받지 못하는데, 이는 개발 과정에 부담한 셈이므로 이를 토지부담율(감보율)이라고 한다. (평균 토지부담율은 50%를 초과할 수 없게 되어 있으나 불가피한 경우 지정권자의 승인을 얻어 60%까지 가능하다.)

토지부담율 예시

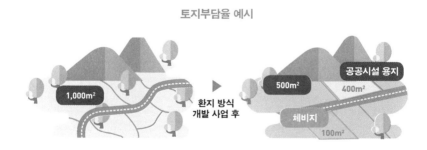

(출처: 서울도시계획포털)

광교는 LH 한국토지주택공사가 주도해서 만들어진 판교와 달리 경기도시공사의 주도로 만들어진 또 하나의 자급자족도시다. 일반적으로 1·2기 택지개발신도시에서 주거 면적이 차지하던 비중은 전체 도시 면적의 35% 내외다. 그런데 광교는 주거 면적이 18.4%에 불과하다. 나머지 81.6%는 공원으로 무려 43.8%가 사용되고, 도로 14.6%, 기타 공공시설에 7.7% 사용된다. 그리고 상업업무용지로는 9.2%가 사용된다.

광교는 총 7.7만 명을 수용할 목적으로 개발됐고, 3.1만 가구를 수용하는 것이 목적이다. 가구당 구성원이 2.5명인 셈인데, 이는 판교의 3명보다도 낮아 쾌적하다는 의미다.

구분당선의 연장으로 수원 구도심에서 서울로의 접근이 수월해졌

토지 개발 사업의 종류와 특징

구분	신도시		구도심
	택지개발사업 (택지개발촉진법)	도시개발사업 (도시개발법)	도시정비사업 (도시 및 주거 환경정비법)
사업 목적	특별법의 지위로서 주택 공급을 목적으로 도시 외곽의 신도시개발에 적용	다양한 용도 및 기능의 단지나 시가지 조성	주거지 정비가 목적(재개발, 재건축 등)
상위 계획	주택종합계획	도시기본계획	정비기본계획
사업 방식	수용 방식	수용, 환지, 혼용 방식 중 선택	관리 처분
시행	공공사업자만 시행 가능(민간 공동시행 허용)	공공, 민간, 민관공동 등 다양한 사업 시행 가능	민간(조합) 위주의 시행
사업 결과	주거 중심 신도시	자급자족형 신도시	구도심 주거 환경 개선

듯, 신분당선 연장으로 광교에서 강남으로의 접근이 수월해지면서 서울과 수원 간에 교차 사용이 일어날 수 있게 됐다. 그래서 광교는 자급자족도시로 설계됐으면서 동시에 서울 세력권에 완벽히 포함될 수 있게 됐다.

투자자라면 관심을 가져야 할 지역

광교를 대표하는 아파트는 이의동 광교 자연앤힐스테이트(2012년 준공, 1,764세대)다. 이 아파트는 광교중앙역(아주대역)의 초역세권이면서, 신풍초등학교와 광교고등학교를 단지 안에 품고 있다. 맞은편에는 경기도청 신청사가 건설 중이고 도보로 롯데아울렛을 이용할 수 있다.

다음의 표는 다른 택지개발지구와 차별성을 드러내는 광교의 토지이용계획도다. 전체 토지이용계획 중 중요한 부분만 따로 정리해두었는데 잘 살펴보면 다른 택지개발신도시들과 확연히 다른 점을 알 수 있다.

광교 토지이용계획도

구분	면적(m²)					
	계	1단계	2단계	3단계	4단계	5단계
합계	11,304,494	7,407,475.1	1,525,241.5	214,158.1	699,654.2	1,457,965.1
주택 건설용지	2,085,270	1,932,331.2	99,437.4	11,010.4	-	42,491

도시지원 시설용지	503,375.5	233,742.3	138,078.4	103,447.8	-	28,107
상업. 업무 시설용지	558,357.9	396,930.3	12,197	-	89,950.6	59,280
공공시설 용지	8,157,490.6	4,844,471.3	1,275,528.7	99,699.9	609,703.6	1,328,087.1

구분	구성비(%)					
	계	1단계	2단계	3단계	4단계	5단계
합계	100	65.53	13.49	1.9	6.19	12.89
주택건설 용지	18.44	17.09	0.88	0.09	-	0.38
도시지원 시설용지	4.46	2.07	1.22	0.92	-	0.25
상업. 업무 시설용지	4.94	3.51	0.11	-	0.8	0.52
공공시설 용지	72.16	42.86	11.28	0.89	5.39	11.74

(2016년 12월 30일 기준)

마곡
: 일자리가 많으면 없던 수요도 생긴다

서울 강서구의 마곡지구, 여기에는 흥미로운 역사가 있다. 마곡지구의 개발 계획은 1994년 이원종 시장 때 시작됐다. 그는 당시 용산, 마곡, 상암, 뚝섬, 여의도의 5개 권역을 나눠 개발하는 5대 거점 개발 계획을 수립하고 이 지역을 모두 개발하려고 했다. 그런데 우연인지 운명인지 이원종 시장은 1994년 성수대교 붕괴 사고로 경질된다. 그 후 재임 기간 불과 1개월, 7개월의 두 명의 후임 시장을 거쳐, 30대 서울시장으로 조순 시장이 당선된다.

　그런데 조순 시장은 5대 거점 개발 사업지 중 마곡을 '후세들에게 물려줄 땅'이라면서 제외해버린다. 그때의 상황을 지근거리에서 기억하는 지인에 의하면 "후대를 위해 서울에도 개발이 하나도 되지 않은 땅(원형지) 하나 정도는 있어야 하지 않을까?"라고 했다는 것이다.

그렇게 마곡지구는 미개발 상태로 남게 됐고, 나머지 지역은 거점도시로 계획된다. 건축학과 학생이었던 나는 2003년쯤 졸업 설계를 하기 위해 상암지구를 답사한 적이 있는데, 상암은 그 당시에 완전한 허허벌판이었다. 그러나 상암은 개발의 청사진 속에 적극 개발되던 시점이었던 반면 마곡은 아예 풀밭이었다. 어쨌든 그 이후 시장이 바뀌어도 조순 시장의 판단은 존중되어 꽤 오랫동안 마곡은 미개발 지역으로 남는다.

미개발 지역이었던 마곡지구를 개발한 사람은 다름 아닌 이명박

마곡 개발 대상지

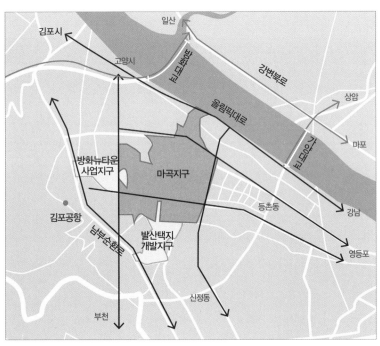

(출처: SH공사 홈페이지)

당시 시장이었다. 그는 처음에는 마곡지구를 개발하지 않을 것처럼 하다가, 갑자기 생각을 바꿔서 마곡 개발 계획을 발표한다.

사실 이명박은 마곡만 개발한 것이 아니다. 박정희의 유산으로 인정받았던 서울 인근의 그린벨트들도 대거 해제하여 강남 세곡, 서초 우면, 하남 미사, 고양 원흥 지역을 주거 중심 신도시로 개발한다. 이 중 일부는 그린벨트 해제의 명분이 있어야 했기에 보금자리 주택용지로 활용한다.

이명박 시장 재임 시절에 개발된 마곡지구는 강서구 마곡·가양동 일대 3.6km²의 면적에, SH 서울주택도시공사가 사업 주체가 되어 2007년부터 2031년까지 장기간에 걸쳐 건설된다.

서울시는 왜 마곡지구를 개발하게 된 걸까. 이 일대를 자급자족도시로 바꾸기 위해서였다. 알다시피 서울시 서부권역에는 강남이나 종로, 여의도와 같은 대규모 업무시설밀집지역이 없다. 앞서 대부분의 주거용 택지개발지구의 주택 면적은 도시 면적의 35% 수준이라고 말했다. 그런데 마곡지구는 전체 도시 면적 중 업무시설만 무려 약 30%를 차지한다. 즉, 업무시설로만 가득 찬 신도시라는 의미다. 판교와 광교 사례를 통해 살펴보았지만 자급자족도시들은 통상 8~10% 수준의 업무시설용지를 갖는데, 마곡은 그것의 3배 정도나 더 넓은 지역을 업무시설용지로 확보했다. 그리고 주거 면적은 전체 면적의 16.2%로, 1·2기 신도시의 절반도 안 되는 수준이다.

이는 무엇을 의미하는 걸까. 마곡에 건설되는 업무시설에 기업이 입주하면 곧바로 주택 수요가 해당 지역에서 넘쳐서 살 집이 부족해진다는 의미다.

실제로 마곡에 업무시설이 건설되고 LG그룹을 위시한 기업들이 입주를 시작하자 마곡지구 내의 앰밸리 주택 단지들로는 주거 수요를 감당할 수 없게 된다. 예상대로 된 것이다. 마곡앰밸리7단지 아파트(전용면적 84㎡)의 분양가는 4억 원 내외였다. 그런데 기업 입주와 함께 가격이 상승하기 시작하여 현재는 실거래가가 9.4억 원을 넘어섰다. 마곡지구 외곽의 다른 택지개발주택지구인 가양·염창·방화 일대까지 주택 수요가 넘쳐 덩달아 가격이 상승한 것도 당연한 일이었다. 이 지역들 또한 업무시설이 없는 주거지였다가 갑작스럽게 마곡이라는 도시를 보조하는 배후주거지가 된 것이다. 주택 수요가 초과해서 발생하면 당연히 집값은 오를 수밖에 없다.

사실 마곡 아파트들의 분양 초기만 해도, 앰밸리 단지나 주변 지역 아파트 가격의 드라마틱한 상승을 예측한 사람은 적다. 2013년에 미분양을 기록할 정도로 분양 성과가 좋았던 지역도 아니었다. 그때 지인이 마곡의 아파트를 분양받았는데 사석에서 걱정을 많이 했던 기억이 난다. 그러나 그는 지금 강서구의 미래를 긍정적으로 보는 다주택자가 됐다.

중요한 것은 마곡지구 일대의 시세 상승은 결국 서울의 서부권에 없었던 도시 기능의 신설에 따른 것이라는 점이다. 즉, 도시의 숙명과도 같은 사람과 활동이 합쳐지면서 전에 없던 가치를 가질 수 있게 된 것이다. 이는 그대로 주택 시세로 연결되고, 그것을 증명한 곳이 바로 마곡이다.

아마 마곡을 1기 신도시처럼 새 아파트만이 즐비한 도시로 지었다면 이런 결과는 절대 나타나지 않았을 것이다. 마곡 개발은 결과적으로 강서구를 포함한 양천구~김포 일대에까지 엄청난 변화를 몰고 왔다.

그러나 얻는 게 있으면 잃는 것도 있는 법. 마곡의 등장은 반대로 경기 서부 지역(안산, 시흥, 부천)의 지식기반 기업과 여의도, 가산 지역 기업이 해당 지역을 빠져나가게 했다. 그래서 경기 서부권역 일부 지역은 마곡과는 반대로 주택 가격이 침체기에 들어서기도 했다.

투자자라면 관심을 가져야 할 지역

마곡지구를 대표하는 아파트는 단연 엠밸리로 불리는 주거 단지다. 마곡엠밸리6단지(2014년 준공, 1,466세대)와 7단지(2014년 준공, 1,004세대)가 대단지로, 이 단지들은 공항초등학교를 품고 있고, 공항철도 마곡역(2018년 개통 예정)의 건설로 9호선, 공항철도, 5호선의 트리플 역세권이 되어 편리한 교통까지 누릴 것으로 기대된다. 앞으로 강서구 방화동 일대의 주택재개발사업이 진행되면 근린환경도 개선될 것으로 예측한다.

과천
: 모든 기능이 갖춰진 도시의 가치

4

과천시는 1980년대 정부의 서울인구분산정책에 따라 제2정부청사를 건설하면서, 배후에 아파트 단지를 조성하여 신도시로 건설됐다. 1970년대에 박정희 사망으로 세종시로의 임시 행정수도 계획이 백지화되면서, 오히려 행정수도의 이미지를 과천청사를 통해서 확보하게 됐다. 그래서 과천을 현재의 세종시와 같은 곳이었다고 여겨도 큰 무리는 없을 것이다.

과천시는 소도시로 계획됐지만, 정부 청사 효과로 항상 과천 외부로부터 수요를 창출했다. 나도 강남 소재의 공공기관에 몸 담았던 적이 있는데, 강남에서 과천까지 얼마나 자주 갔는지 모른다. 그때도 이미 과천은 서울 남부의 근사한 배후주거지로서, 분당보다 높은 시세를 유지하는 것으로 유명했다. 이를 다시 확인시켜준 것이 바로 올

해다. 과천 7-1구역 주택을 재건축한 과천 센트럴파크 푸르지오써밋이 3.3㎡당 가격 3천만 원을 넘기면서(전용면적 84㎡ 기준) 10억 원대로 분양됐다.

그런데 과천에 더욱 주목해야 하는 이유는 바로 과천에 건설되는 자급자족형 신도시인 '과천지식정보타운' 때문이다. 전체 신도시의 면적이 1.3㎢인데, 주택 용지 비중이 자급자족형 신도시 중에서 확연히 높은 31.4%이기 때문에 자칫 자급자족형 신도시가 아니라고 잘못 생각할 수 있다. 주택 용지 비중이 높은 이유는 국민주택 규모의 공공주택을 대거 건설하기 때문이다. 이는 문재인 정부가 적극 추진하는 공공임대주택 확충의 결과물이기도 하다.

그러나 과천지식정보타운이 자급자족도시로의 가능성을 갖는 이유는 업무·상업·도시지원시설 용지가 총 20.7% 수준으로 높기 때문이다. 이처럼 넓은 면적이 할당된 것만으로 과천지식정보타운은 지식정보타운이라고 당당히 명함을 내밀 수 있게 됐다.

과천시의 계획이 치밀하다고 느끼는 것 중 하나는 업무시설이 들어올 용지를 기업에 매각하는 과정에서 입주사를 구해주는 기업에 가점을 주었다는 점이다. 이는 해당 용지에 단순히 물리적 시설만 들어오는 게 아니라 업무시설이 채워지도록 유도하는 것이다. 그래서 나는 과천지식정보타운 역시 준공과 함께 서서히 자급자족도시로서의 성격을 갖출 것이라고 판단한다. 즉, 자급자족도시들에게 나타나는 세력권, 과천 세력권을 갖게 된다는 의미다. 아울러 종전의 과천 구시가지와도 훌륭하게 연계될 가능성도 높아졌다.

지금까지 살펴본 신도시들의 특징은 무엇일까. 판교와 광교, 마곡과 과천지식정보타운은 과거와 달리 업무시설을 전면에 배치하면서 도시의 자족성을 높이는 방향으로 개발된다. 그렇기에 이를 '자급자족형 신도시'라고 부른다. 자급자족형 신도시는 그래서 서울 세력권만이 존재하는 수도권 도시들 가운데서 작은 희망과도 같다.

따라서 2018년, 과천지식정보타운 청약은 항상 투자 대상으로 고려해야 한다. 과천지식정보타운은 아직 본격적인 청약이 이뤄지기 전이어서 특정 단지가 투자에 유리하다는 말을 하기에 다소 이른 시점이다. 지역 전체가 분양가상한제(집값 안정화의 일환으로 주택을 분양할 때 택지비와 건축비에 건설업체의 적정 이윤을 보탠 분양 가격을 산정하여 그 가격 이하로 분양하도록 정한 제도) 적용 대상 지역이기도 하다.

투자자라면 관심을 가져야 할 지역

과천지식정보타운은 전체 12개 주택블록 중에서 민간분양이 S1, S2, S4, S5, S6, S8의 6개 블록이고, 나머지 단지는 공공주택의 성격을 갖는 단지이니 참고하길 바란다. 이 중 초등학교는 8블록과 6블록에 인접한다. 도시를 가로지르는 대도로가 있어서 시가 분절되면 일반적으로 주거밀집지역이 중심 주택가로 발전하면서 다른 지역 대비 차별적으로 상승할 가능성이 높다. 개인적으로 과천지식정보타운 중 과천시와 인접한 동북 방향의 블록들이 좀 더 양호한 주거 환경을 갖

게 될 것이라고 판단한다. 민간분양 중 S4, S5, S6 블록 등에 관심을
가져야 할 이유다.

과천 민간분양 주택 블록

블록	유형(시기)	가구수
S1	민간분양(연내)	435
S2	뉴스테이(미정)	597
S3	10년 임대(미정)	474
S4	민간분양(4월)	679
S5	민간분양(연내)	584
S6	민간분양(미매각)	733

블록	유형(시기)	가구수
S7	10년 임대(미정)	626
S8	민간분양(10월)	608
S9	공공분양(미정)	647
S10	10년 임대(미정)	411
S11	영구국민(미정)	690
S12	행복주택(미정)	1467

(2018년 2월 기준, 출처: 한국토지주택공사)

세종시

: 강남의 개발 과정을 그대로 재현한 도시

5

세종불패. 세종시는 이 한마디로 설명될 수 있을 것이다. 우리나라 부동산 시장에서 강남불패만큼 받아들여지는 단어가 바로 세종불패다. 2018년에 새롭게 공급한 세종 6-4구역의 아파트(세종 마스터힐스) 역시 17대 1 이상의 경쟁률로 완판되면서 세종시 부동산 시장의 위력을 뽐냈다.

세종시의 특징은 '환상형' 도시로 설계됐다는 점이다. 환상형이란, 360도 방향 모두가 도시 지역이라는 의미다. 보통의 도시가 갖는 중심 지역이 없이 기획됐다. 오히려 물리적인 중심 지역에는 수목원이 위치하거나 녹지가 들어서 있다. 그리고 중심 지역인 수목원을 둘러싼 총 6개의 권역은 각 지역마다 특색 있는 마을 이름과 도시 공간으로 배치됐다. 그렇기 때문에 이 중 어느 지역의 미래 가치가 가장 높

세종시의 구조

을지 판단하기가 쉽지 않았다.

투자자라면 관심을 가져야 할 지역

세종시는 교통 계획도 BRT(버스의 일종)가 환상형 도시 전체를 한누리
대로를 따라 순환하는 형태다. 덕분에 한누리대로에 인접한 주택 단
지들이 점차 주목받기 시작한다. 어쨌든 세종시 내에서 BRT를 쉽게

세종시 대중교통 순환축 개념도

(출처: 행복청 도시디자인 누리집)

탈 수 있다면 다른 도시로의 이동이 편리하기 때문이다. 그러면서 사람들이 입주하고 도시 기능이 발휘되면서 1구역을 중심으로 한 주택시장의 가격이 강세를 띠기 시작한다.

특히 세종1구역인 도담동 도램마을10단지 호반베르디움어반시티(2014년 준공, 678세대)처럼 단지 내에 초등학교가 있고 한누리대로와 인접하여 BRT 접근성이 좋은 아파트는 장기적으로 수혜를 받을 것으로 예상된다. 도램마을은 정부세종청사의 배후주거지이면서 충남대병원과도 인접해 있고, BRT로 오송역이나 대전에 가기도 편리하다. 서울에도 좀 더 쉽게 갈 수 있다는 의미다.

그리고 이 지역의 아파트들은 소위 'Big 4'라 불리는 4개의 단지로 구성되는데, 이들 단지는 이름대로 중대형 평형 중심인 단지이면서 민간주택들만으로 구성된 세종시의 몇 안 되는 단지여서 더욱 인기가 높다.

　세종시는 수도권에 과도하게 집중된 기능을 분산하기 위해 기획된 도시다. 즉, 어떤 의미에서는 세종시가 앞으로도 서울과 수도권의 도시 기능을 지속적으로 빼앗아갈 것이라는 의미다. 정부는 사실상 공공행정 기능을 완전히 세종시에 이관했다고 해도 과언이 아니다. 사실 원래는 더 대담하게 기획되어 국회와 청와대까지 모두 이전하려고 했었지만 헌법재판소의 판결로 무산됐는데, 서울과 수도권 입장에서는 어쩌면 다행이라고 할 수도 있겠다.

　그렇기 때문에 세종시가 우리나라 부동산 시장에서 갖는 지위는 처음부터 끝까지 특별하다. 과거 도시 기능이 집중된 강남의 개발 과정을 거의 그대로 2000년대에 재현하고 있기 때문이다. 내 나름대로의 비유라면 현재 강남권이 '서울 세력권의 중심'이라고 한다면 세종시는 '공공 세력권의 중심'이라고 말할 수 있지 않나 싶다. 즉, 세종은 공공의 강남이다.

　개인적으로 세종시 2생활권 구역인 새롬동 일대와 1생활권 구역을 대표하는 도담동 일대의 주택 시장을 긍정적으로 전망한다. 그 이유는 앞서 살펴본 교차 사용의 개념 때문이다. 많은 사람이 아파트가 가득하면서도 한적한 주거밀집지역을 입지가 좋은 곳이라고 생각하지만 사실은 그 반대다. 세종시와 같은 젊은 공무원 가구들이 대거 유입되어 살아가는 지역에서는 교차 사용이 활발할수록 좋은 입지일 수밖에 없으며, 그런 의미에서 중심 상권과 업무시설밀집지역을 배후로 하는 새롬동과 도담동 지역이 교차 사용을 하는 데 가장 편리한 지역으로 인기를 얻을 것이다. 특히 언급한 단지 이외에도 새롬동 세종메이저시티(2017년 4월 준공, 3,171세대)와 도담초등학교의 인접 아파트를 주목할 만하다.

4장

도시의
발전 과정을 알면
투자 전략이 보인다

1

오르는 부동산의
공통점

지난 8년간 건설 애널리스트로서 전국을 돌아다녔다. 서울과 경기의 부동산 시장을 탐방하고, 모델하우스를 방문하고, 기존의 주택 시장도 둘러봤다. 동시에 지방의 혁신도시, 세종시, 송도와 시흥·안산의 공업 지역, 대전, 대구, 부산, 창원, 김해, 제주까지 우리나라 주요 도시는 다 가봤다고 해도 과언은 아니다.

다양한 도시를 다니면서 다양한 이야기를 들어왔지만 잘 모르는 도시의 투자 정보에 대해서는 파악하기 어려웠다. 그래서 초기에는 그 지역 출신 지인들을 수소문해서 알아보고, 해당 지역의 부동산중개업소들을 방문했다. 어쩌다 관심 지역에 투자한 지인을 발견하면 그렇게 반가울 수가 없었다. 그에게 어떤 이유로 투자했는지, 성과는 어떤지, 언제 매도할 예정이고, 무엇이 투자 아이디어였는지 자세히 물어서 정리하곤 했다. 분양 예정인 건설사나 모델하우스에 가서 분양 대행 담당자들과 이야기하는 것도 당연한 과정이었다.

모든 도시의 부동산을 매수할 것도 아니면서 그렇게 적극적이었던 데는 무엇보다도 직업적인 이유가 컸다. 부동산 시장을 분석하고 투자와 관련된 글을 쓰는 것이 직업인데, 일반인보다 부동산 시장에 대해 잘 모른다면 문제이지 않을까라는 생각을 했던 것이다. 그래서 짧은 시간 안에 전문성을 확보하는 데 최선을 다했다. 그러나 시간이 지나면서 도시에 대한 이해를 높이려는 나의 시도들은 자기만족에서 비롯되기 시작했다. 결국 좋아서 계속하게 된 것이다.

도시들을 계속 방문하면서 점점 도시의 구획, 다르게 표현하면 같은 도시 속에 존재하는 이질적인 특징이 눈에 들어오기 시작했다. 이러한 점들이 눈에 보이자 도시구조에 대해 큰 흥미를 갖게 됐다. 그리고 각 지역별 특징은 도시가 성장해가는 시대적 개발 단계에 따라 이미 특징지어졌다는 것도 알게 됐다. 예를 들어 원도심(구도심)은 전반적으로 난개발되어 있고, 1980~1990년대에 개발된 택지개발지역은 전반적으로 중층 아파트 숲의 베드타운이고, 2010년대에 신설된 도시개발지구는 각 시도별로 성과가 뚜렷이 차이가 나서 어떤 곳은 자급자족도시가 됐고 어떤 곳은 발전이 없었다.

도시 전체를 볼 때도 마찬가지였다. 개발이 진행되면서 원도심-택지지구-도시개발지구가 유기적으로 잘 연결되어 자급자족화된 도시가 있는가 하면, 어떤 도시들은 물리적으로 붙어 있기만 할 뿐 연계성도 없고 미래가 암울해 보이는 지역도 있었다. 이것이 가장 중요한 발견이었다.

8년 동안 꾸준히 탐방하고 이런 생각이 자리 잡으면서, 내가 바라보는 관점이 부동산 투자자들에게 상당히 유용한 도구가 될 수 있다고 느끼게 됐다.

최소한 지금은 투자자 관점에서 어떻게 지역별 전략을 짜고 접근해야 하는지 나름의 기준을 세우게 됐다. 그래서 그 내용을 요약해서 정리하려고 한다. 이번에 제시하는 부동산 투자의 방법론 중 하나는 바로 '도시개발 단계별 투자 전략'이다.

도시개발 단계별 투자 전략

우리나라의 도시들은 3단계의 개발 단계를 갖는다.

도시개발 1단계 지역은 원도심이다. 서울로 보면 사대문 안인 중구와 종로구 등이 해당될 것이다. 범위를 좀 더 넓히면 중구와 종로구의 배후주거지인 마포구·서대문구·용산구·동대문구·성북구·영등포구도 원도심에 포함된다.

중구와 종로구에 위치한 업무시설에 출퇴근하는 사람들이 어디서 숙식을 해결해야 될까. 이들이 숙식을 해결할 수 있는 지역이 바로 배후주거지다. 즉, 배후주거지란 피라미드를 짓기 위해서 피라미드 앞에 세운 대규모의 근로자를 위한 캠프와 비슷하다. 어쨌든 이 지역이 현대 서울의 초창기를 대표하는 원도심이다.

대전시의 원도심은 동구와 중구다. 수원시는 장안구와 권선구다. 성남시는 수정구, 고양시는 현재의 일산서구 안쪽이다. 안양시는 만안구 일대, 대구시는 중구, 인천광역시도 중구, 광주광역시는 동구, 울산광역시는 중구다. 제주는 구제주시, 부산은 동구, 서구, 중구와 영도구와 같은 지역들이다. 과거에 지방은 동, 서, 남, 북 등의 이름을 사용하여 지역을 구분했는데 어느 도시를 막론하고 거의 예외 없이 '중구'가 원도심이라고 보면 크게 틀리지 않는다.

원도심은 현대식 고층 주거단지를 받아들이기 전에 만들어졌기 때문에 저층 고밀도의 주택가가 밀집됐다는 것과 현재의 강남권이나 판교 등과 같이 다양한 도시 생활을 할 수 있는 지역이 없다는 특징을 갖는다. 그래서 현재의 원도심 대부분은 극도로 노후화된 주거 지역인 경우가 많다.

도시개발의 2단계 지역은 박정희·전두환 시절을 거치며 '아파트 붐'을 불러일으킨 택지개발지역이다. 서울에는 약 50개 이상의 초대형 택지개발지역이 있다. 대표적으로 개포지구·수서지구·대치지구·상계지구·중계지구·월계지구·상암지구·성산지구·도봉지구·신내지구·고덕지구·발산지구·가양지구·목동지구·강서지구·강동지구 등에 위치한 아파트 밀집 지역이 전부 해당된다고 생각하면 된다.

이곳들은 주택 부족 문제를 해소하기 위해 베드타운으로 철저하게 기획된 지역이면서, 동시에 원도심에서 볼 수 없었던 최신식 아파트를 대거 받아들여 1980~1990년대 부동산 시장의 주인공이 됐던 지역들이다.

1기 신도시 중 2단계 지역은 비교적 쉽게 찾을 수 있다. 성남시는 분당구, 고양시는 일산동구와 일산서구, 안양시는 동안구(평촌), 군포시는 산본, 수원은 팔달·영통구, 부천은 중동지구, 대전은 서구와 유성구, 대구시는 수성구, 부산은 부산진구·연제구·동래구·수영구·남구·해운대구 등 동부산 지역이다. 제주는 신제주라고 불리는 연동과 노형동 지역이다. 또 과천시와 같이 시 전체가 새로운 도시로 등장하기도 했다.

2단계 지역은 보통 원도심의 주거 기능을 대체하고 원도심과의 가격 격차를 벌리면서 부동산 시장을 주도해왔다. 특히 2단계 지역은 아무리 베드타운이라고 해도 격자형 가로망 체계를 토대로 차량 중심 도시라는 20세기 이후의 '빛나는 도시' 문법에 맞추어 설계됐고, 고층·고밀도의 아파트 중심 도시여서 원도심 지역과 근본적으로 다르다.

2단계 지역은 1970~1990년대 우리나라의 압축 성장을 대표한다는 점에서 그 당시에는 가장 최신식 도시였지만, 2010년대 이후에 준공 20년차가 넘으면서 노후화됐고, 새로운 구도심이 돼가고 있다.

그렇다면 도시개발 단계에서 3단계 지역은 과연 어디일까. 3단계 지역이야말로 투자자들이 가장 많은 관심을 기울여야 할 지역이다. 도시개발 3단계 지역은 자급자족도시의 도심이다.

도심이란 이름 그대로 도시의 심장이고, 다양한 도시 생활이 이뤄지는 지역이다. 앞서 살펴본 '세력권'의 개념을 기억할 것이다. 서울이라는 자급자족도시는 가장 넓은 세력권을 갖고 있다. 그 세력권의 중심이 되는 지역은 바로 강남권이다. 마찬가지로 자급자족화 되어가는 성남시는 판교가 도심이다. 수원시의 중심은 광교 지역이다. 이러한 도심 지역은 모든 도시에 존재하지만, 해당 도시 지역이 다른 도시 세력권에 영향을 받기만 하는 의존적인 도시인지, 독자적인 세력권을 형성할 수 있는 도시인지에 따라 그 투자 가치나 미래 가치는 판이하게 다를 것이다.

다음의 표에 각 도시개발에 해당되는 지역들을 정리했다. 이 지역을 중심으로 투자 대상을 살펴보도록 하자.

우리나라 주요 도시의 도시 개발 지역

구분	1단계 원도심 지역	2단계 택지개발신도시 지역	3단계 자급자족도시
서울	사대문 안인 중구 · 종로구, 서대문구 · 성북구 · 동대문구 · 영등포구 · 마포구 · 성동구 일대	서울 내 주택 중심 택지 지역 전체 (양재 · 개포 · 수서 · 대치 · 상계 · 중계 · 월계 · 상암 · 성산 · 도봉 · 신내 · 고덕 · 발산 · 가양 · 목동 · 강서 · 강동 · 여의도 일대)	강남권(반포 · 압구정 · 청담 · 서초 · 잠실 · 삼성 · 대치 · 개포 · 수서 등)
성남	수정구, 중원구	분당 신도시	판교
수원시	권선구, 장안구	팔달구, 영통구	영통구(광교)
안양시	만안구	동안구	동안구(평촌신도시)
과천시	–	과천시	현재 없음(과천지식정보타운 일대 기대)
고양시	일산서구	일산동구, 서구, 덕양구 택지개발신도시(삼송 · 지축)	현재 없음(덕양구 대곡 역세권 일대, KINTEX 일대 기대)
세종시	–	–	행정중심복합도시 전역
부산	중구, 동구, 서구, 영도구 등	부산진구, 연제구, 동래구, 수영구, 남구, 해운대구	부산진구, 연제구, 동래구, 수영구, 남구, 해운대구

2

수원시
투자 아이디어

송파구 파크리오아파트는 과거의 잠실시영아파트를 재건축한 아파트다. 파크리오아파트가 잠실시영아파트였던 시절에 단지 앞에서 옥수수를 팔던 할머니가 계셨는데, 그분 고향이 수원시 매탄동이었다. 할머니는 당시 잠실시영아파트 앞을 지나다니는 거주민들을 보면서 너무 부러웠던 나머지 꼭 그 아파트를 사고 싶어 했는데, 옥수수를 판돈만으로는 자금이 부족했다. 그런데 할머니는 잠실시영아파트의 가격이 오르면 얼마 지나지 않아 자신의 고향인 매탄동 일대의 주공아파트 가격도 오른다는 것을 발견하고, 잠실이 오를 때마다 매탄동 일대의 아파트를 한 채씩 매수하기 시작한다.

당시 매탄동 주공아파트의 가격이 1,700만 원, 전세가가 1,500만 원이었기 때문에 할머니는 갭투자 방식으로 십수 년간 20여 채 이상의 아파트를 사 모을 수 있었다. 그 결과 잠실시영아파트가 파크리오로 바뀌는 재건축 과정에서 조합원이 될 수 있었고, 지금은 파크리오에 살고 계신다. 또 그 당시 1,700만 원에 샀던 매탄동 아파트들은 각 4억 원대로 올랐고, 이를 상당수 월세로 전환하여 안정적 월 소득을 확보하면서 완전한 경제적 자유도 얻을 수 있게 됐다.

그래서 나는 수원시에서 강의를 할 때마다 이 할머니의 이야기들을 꼭 전해주면서 '부동산은 파는 게 아니'라는 메시지를 던지곤 한다. 사실 주식시장에서도 워런 버핏 같은 인물은 주식을 거의 사기만 하고 팔지 않는다. 좋은 자산이라면 팔 필요가 없는 것이다.

수원은 1988년에 장안구와 권선구, 두 개의 구로 나뉘었고, 1993년에는 팔달구가 2003년에는 영통구가 신설된다. 이렇게 수원은 지금의 4개의 구를 갖게 됐다.

수원시의 발전 과정

수원을 앞에서 설명한 3단계 도시개발의 관점에서 살펴보자. 수원의 원도심은 권선구와 장안구, 택지개발신도시는 팔달구와 영통구, 도시개발신도시는 영통구의 광교신도시가 될 것이다.

수원은 어느 도시나 그러하듯, 2단계 지역에 해당하는 팔달구와 영통구가 등장하면서부터 성장하기 시작한다. 수원화성이 있는 팔달구는 2000년대에 영통구가 개발되기 전까지 원도심의 중심지였다.

도시개발 단계에 따른 수원시 권역 구분

1단계
원도심 지역
장안구

2단계
택지개발지역
팔달구

3단계
도시개발지역

영통구

1단계
원도심 지역
권선구

2단계
택지개발지역

문화·정치·교육·주거·상업 기능을 갖춘 도시로 성장해오다가, 도
시화와 인구 급증을 맞으며 영통구를 개발하게 된다.

영통구는 수원시에서 가장 늦게 만들어진 구인데, 팔달구에서 분
리됐다. 영통구의 특징은 주거 연령대가 낮다는 것인데, 당시에도 이
를 반영하여 농담처럼 젊다는 'Young'을 사용하여 'Young통구'라
고 부르기도 했다.

영통구는 수원 삼성전자의 배후주거지로, 택지개발신도시로 공급

되면서 2000년대 초에 수원 부동산 시장을 단박에 주도한다. 영통구와 팔달구는 수원 삼성전자 외에도 아주대학교와 종합병원, 수원시청, 수원지방법원 등의 도시 기능이 몰려 있는 중심지다.

2000년대 들어 영통구와 팔달구의 아파트들이 노후화되자 수원시는 2010년대에 영통구 북쪽의 광교(행정구역상 영통구) 일대를 개발하게 된다. 3단계 도시가 탄생하기 시작한 것이다. 원래 광교는 원천유원지 등 위락시설이 있던 곳이었는데, 도시 기능을 보강하고 주거 면적을 도시 면적의 19%만 배치하면서 자급자족형 신도시로 개발한다.

광교는 개발 초기에는 큰 주목을 받지 못했다. 하지만 2016년 초 신분당선 연장과 함께 서울로의 접근성이 좋아지면서, 2016년 이후 주택 가격이 상승한다. 현재 광교 신도시는 수원 부동산 시장의 핵심 지역이다.

투자 아이디어: 원도심-영통-광교

수원 부동산 시장에 대한 투자 아이디어는 세 가지로 접근할 수 있다.

첫 번째, 원도심인 권선구와 장안구의 재개발 가능성이다. 수원역을 포함한 권선구는 분당선의 연장으로 일대 부동산 가격 상승을 경험한 적이 있는데, 도시 기능적 측면에서도 원도심의 재개발 가능 여부가 향후 부동산 가격의 핵심이 될 것이다. 수원의 원도심은 다른 지방 도시와 달리 방대하게 넓을 뿐 아니라 상주 인구도 많아 방치할 수 없기 때문에 재개발의 가능성이 높다.

두 번째, 2단계 지역인 팔달구와 영통구의 택지개발지역에 대한 투자다. 이 지역이 한창 개발되던 시절인 1980~1990년대를 대표하는 수원 매탄주공아파트, 2000년대 초반에 재건축을 완료한 매탄위브하늘채(2008년 준공, 3,391세대)와 같은 단지들이 대표 단지다. 매탄동 임광아파트(1990년 준공, 1,320세대)도 눈여겨볼 만하다. 이 아파트는 효원초등학교와 효원고등학교를 품고 있으며, 인계예술공원과 인접해 있어 공원 이용과 조망이 가능하다.

세 번째, 수원 세력권의 핵심인 광교에 투자하는 것이다. 광교는 수원시를 대상으로 하는 투자 중에서 가장 확실성이 높은 투자다.

광교신도시를 대표하는 아파트는 바로 광교중앙역 앞의 자연앤힐스테이트(2012년 준공, 1,764세대)다. 아파트의 위치나 지하철역으로의 접근성, 브랜드 등으로 광교를 대표하여, 수원시 전체에서 단위 면적당 가격이 가장 높은 아파트 중 하나다. 장기적으로 40평형대에 대한 선호도가 올라갈 것을 대비하면 e편한세상광교(2012년 준공, 1,970세대)도 눈여겨볼 만하다.

수원에는 이렇게 도시개발 단계에 따라 투자 아이디어가 존재한다. 원도심 재개발의 기회를 잡거나, 장기적으로 택지개발지역의 아파트에 투자하거나, 광교로 대표되는 3단계 지역의 신축 아파트를 매입하는 것이다. 각자의 투자 성향을 고려하여 성장주에 투자하고 싶다면 광교에, 가치주에 투자하고 싶다면 권선구, 장안구, 팔달구를 추천한다.

3

고양시
투자 아이디어

고양시의 이름은 고양이에서 온 게 아니다. 조선 태종 13년(1413년)에 현이었던 고봉현의 '고' 자와 덕양현의 '양' 자를 합쳐서 만들어진 것으로, 1992년에 그 이름이 정해졌다. 그러다 이 지역은 1996년 덕양구와 일산구가 생기면서 고양이라는 이름보다 일산이라는 이름으로 더 유명해진다. 2005년에는 일산구가 일산동구와 일산서구로 나뉘어 지금은 덕양구, 일산동구, 일산서구의 3개의 구로 존재한다.

고양시의 발전 과정

고양시 또한 3단계 도시개발의 관점에서 지역을 구분할 수 있다.

1단계 지역은 고양의 원도심인 구(舊)일산으로 불리는 일산서구의 일산동 일원, 덕양구의 능곡동, 성사 · 주교동 일대 등이다. 이들 지역은 다행스럽게도 현재 '재정비 촉진지역'으로 지정되어 있는데, 도시개발 1단계(원도심)에서 2단계 지역화(택지개발지역)되고 있다. 서울의 원도심 재개발이나 수원의 원도심 재개발 형태와 동일하다.

　　2단계 지역은 고양시를 대표하는 지역이다. 일산서구, 일산동구의 1990년대 신도시와 함께 탄현동, 중산동, 덕양구, 행신 · 화정동이 대표 지역이다. 지축동 일대와 삼송동 일대도 2단계 도시의 연장선상에 있다고 볼 수 있다. 또 베드타운 중심인 식사동 일대도 포함된다.

도시개발 단계에 따른 고양시 권역 구분

(출처: 고양인터넷신문)

그렇다면 고양시에 자급자족도시로 성장할 만한 3단계 도시는 없을까?

현재 후보 지역은 두 군데다. 첫 번째는 일산서구의 대화동 킨텍스 일대로, 이곳은 관광문화도시 도시개발사업과 함께 고양시 도시개발사업의 핵심 지역이다. 향후 이 지역이 업무·전시·관광·문화 중심의 기능을 할 것으로 예상되고, 바로 이곳에 아파트도 존재하기 때문에 투자 매력이 높다고 할 수 있다.

두 번째는 덕양구 능곡동인 대곡 역세권 일대다. 이 지역은 아직 개발되지 않은 상태이지만, 업무 중심의 기능을 할 예정이다. 대곡역은 다섯 개의 철도 노선이 지나가는 역으로 개발 잠재력이 높고, 역세권 개발 사업을 통해 업무시설과 도시지원시설이 들어설 것이다. 이 지역에 공급되는 주택들 역시 다채로운 도시 기능을 활용할 수 있을 것이라 기대해본다.

투자 아이디어: 원도심 – 일산동서구 – 킨텍스·대곡

고양시 역시 도시개발에 따라 투자 아이디어가 존재한다.

첫 번째, 고양시 원도심의 재개발을 기대하고 투자하는 것이다. 이미 구일산 일대와 능곡 일대가 재정비촉진지구로 지정되어 도시가 변모하고 있다. 능곡 재정비 촉진지구 내의 재개발, 일산 재정비 촉진지구 내의 재건축·재개발 투자가 가능하다.

두 번째, 고양시를 일산으로 더 유명하게 만들었던 일산동구와 서구 지역의 택지개발신도시에, 장기적인 관점에서 재건축이나 리모델링을 기대하고 투자하는 것이다. 아무리 고양시가 넓다고 해도 일산동구와 서구를 대체할 만한 주거지를 새로 개발하는 것은 사실상 불가능하다. 현재 이 지역이 고양시의 많은 도시 기능을 제공하고 있는 만큼, 3단계 도시로 개발될 가능성도 적지 않다. 특히 GTX가 위치할 일산서구는 도시 기능 중 가장 중요한 '강남 접근성'이 추가될 것이기 때문에 일산서구 중 2단계 도시에 가까운 아파트는 투자 가치가 높다. 주엽동 문촌16단지뉴삼익아파트(1994년 준공, 956세대)가 대표적으로 투자할 만한 아파트일 것이다.

세 번째, 고양시에 등장할 것으로 기대되는 3단계 자급자족도시에 투자하는 것이다. 현재는 일산서구 대화동의 킨텍스, 한류월드 지역 등이 예상된다. 대표적인 아파트는 킨텍스 꿈에그린(2019년 준공 예정, 1,100세대)이다. 이 아파트는 현대백화점, 홈플러스, 빅마켓, 이마트타운 등을 인접하고 있으면서 GTX 초역세권 단지다. 신설될 초등학교가 킨텍스 단지에서 다소 멀다는 것은 단점이지만, 학교로 오가는 길에 다채로운 시설이 들어설 것이기 때문에 이를 부정적으로 생각할 필요는 없다. 살아 숨 쉬는 도시 지역의 길거리에서도 배울 것은 많다.

한편 대곡역 일대도 3단계 자급자족도시로 개발될 것이기 때문에 대곡 역세권의 주택 단지는 분양받을 가치가 충분하다.

대전시
투자 아이디어

1993년 과학엑스포로 유명해진 대전광역시는 1949년에 대전읍에서 대전시로 승격됐다. 이후 1989년 대덕군 전역이 추가 편입되면서 대전직할시가 됐고, 1995년 대전광역시로 명칭이 변경되어 현재에 이른다. 면적은 539km²로 서울시의 약 85% 수준이고, 인구는 150만 명이 넘는다.

대전에는 총 5개의 법정구가 있는데, 이는 동구, 중구, 서구와 대덕구, 유성구다. 대전시 역시 도시개발의 관점에서 지역으로 구분할 수 있다.

도시개발 단계에 따른 대전시 권역 구분

대전시의 발전 과정

1단계 도시인 원도심은 동구와 중구 지역 일대다. 동구에는 KTX 대전역이 있는데, 용운동, 천동, 대동, 용전동, 홍도동, 삼성동, 가양동 등이 포함된다. 중구는 KTX 서대전역이 있고, 은행선화동, 용두동, 태평동, 유천동, 문화동, 부사동, 중촌동 등이 포함된다.

동구와 중구를 원도심으로 부르는 이유는 바로 2단계 지역을 대표하는 서구의 존재 때문이다. 서구는 정부대전청사와 대전시청 등이 자리 잡은 둔산동-월평동-괴정동 일대로, 신도시의 특징인 격자형 가로망 체계와 계획적으로 배치된 상업시설, 주거시설, 공원녹지시설, 의료시설 등이 있어 현재 대전의 업무·행정 기능의 중심지다. 대전도시철도 1호선은 중심 상업 지역을 가로지르고, 한밭수목원과 같은 자연녹지도 존재한다. 또 이 일대를 따라 갑천이 흐르고 있어 환경과 개발이 공존한다.

둔산동 일대가 전국적으로 홍보된 것은 1993년 엑스포 때였는데 이때부터 대전은 '과학 도시'로 유명해진다. 동시에 1993년 정부제3청사 건설이 발표되면서 대전은 현재의 세종시처럼 정부의 지원을 연거푸 받는다. 그리고 1995년에 대전시청이 건설되면서 충남의 중심 도시로 자리매김한다.

대전에도 도시 기능이 집중된 3단계 도시가 있을까? 2010년대 유성구에 대규모 택지개발지역으로 개발된 도안신도시가 존재한다. 그러나 도시 기능이 집중된다는 것은 단순히 최근에 개발한 것을 의미하는 것이 아니다. 도안신도시는 주택용지 30%, 상업용지 2.6%, 준주거용지 2.06%이며 나머지 약 64%는 공원 17.88%, 학교 4.6%, 도로 22.8% 등으로 구성된 전형적인 2단계 도시로, 도시 기능이 충분하다고 보기 어렵다. 즉, 대전의 도시 기능은 여전히 서구인 둔산동에 집중된 셈이다.

투자 아이디어: 원도심 – 둔산신도시 – 도안신도시

그럼 대전 부동산에 대한 투자 아이디어는 무엇일까?

1단계 지역인 대전 원도심에서는 판암동 도시개발, 용운주공아파트 재건축 등 재생사업이 간헐적으로 이뤄지고 있다. 물론 아직까지는 서울이나 부산, 성남이나 수원처럼 체계적인 원도심 정비사업이 본격적으로 이루어지고 있지는 않다.

대전의 원도심은 현재 대전의 '도심'인 서구 일대와 인접하므로 미래에도 서구가 3단계 도시로 유지된다면 투자할 만한 가치가 생긴다. 성남동 휴먼시아스마트뷰아파트(2011년 준공, 1,115세대)와 같은 단지는 지금보다 주거 환경이 개선될 가능성이 높다.

2단계 도시인 서구 둔산동과 유성구의 도안신도시와 같은 최신의 주거 단지는 어떨까.

먼저 유성구에는 가장 최신 아파트가 즐비한 도안신도시가 있다. 택지개발지역이라고 해도 신축 아파트가 집중된 지역인 만큼 당분간 신축 프리미엄으로 인한 가격 강세가 계속될 것으로 예상한다.

도안신도시를 대표하는 아파트 중 하나가 바로 상대동 트리풀시티 9단지아파트(2011년 준공, 1,828세대)다. 이 단지는 대형 평형 중심으로만 공급된 단지로(최소 평형이 전용면적 101㎡), 아파트 이름은 대전도시개발공사가 공모하여 '나무가 가득한(Treefull)'이라는 뜻으로 결정된 곳이다.

서구가 대전의 '도심'으로 유지될 가능성이 높은 이유는 대전엑스포가 열렸던 부지(유성구 도룡동)에 재생사업이 진행되고 있음을 반영한 것이기도 하다. 이 지역은 대전의 과학적 역사성을 잇는 기초과학연구원이 들어서는 등 국제과학비지니스벨트로 개발된다. 이 일대

주변에도 쇼핑시설과 과학문화시설, 스마트프라자 및 영상제작시설 등 다양한 시설물이 들어서면서 둔산동과 인접한 신흥 상권이 될 가능성이 높은 지역이다. 그렇기 때문에 종전의 도시 기능이 오히려 강화될 것으로 판단된다. 이 지역에는 오피스텔도 공급되고 있어서 장래 수익형 부동산 투자의 활성화도 기대된다.

대표적인 아파트는 둔산동 크로바아파트(1992년 준공, 1,632세대)로 대단지이면서 서구의 학군 수요가 몰리는 아파트여서 투자 매력이 크다. 공립 한밭초등학교에 인접했고, 탄방중학교, 자율형고등학교인 충남고등학교가 자리 잡고 있다. 바로 옆 상업지역에는 학원가가 있으며, 대전도시철도 1호선과도 가깝다.

다만 도시개발 단계 측면에서 대전에의 부동산 투자는 다소 장기적으로 바라봐야 한다. 대전은 도시 자체가 압축 성장을 하는 것이 아니라 팽창하듯 넓어지고 있어서다.

5

성남시
투자 아이디어

2017년 9월, 성남시 신흥주공아파트를 재건축한 '산성역포레스티아'
가 1순위 청약에서 전 평형 마감된다. 일반분양 1,228가구를 모집하
는데 무려 1.1만 명이 몰려서 경쟁률 8.89대 1을 기록한 것이다. 특
히 전용면적 98m²를 분양한 일반분양에는 12가구 모집에 336명이
지원해서 28대 1의 경쟁률을 보였다. 성남시에서 분당구가 아닌 수
정구가 이렇게 많은 관심을 받은 것은 다소 신기한 일이었다.

성남시의 발전 과정

성남은 다른 어느 곳보다 도시개발의 관점에서 이해하기 쉬운 곳이다.

먼저 성남시의 원도심은 수정구와 중원구 일대다. 산성역포레스티아가 분양된 신흥동은 수정구에 위치해 있고, 성남의 원도심을 대표하는 곳이다.

성남시는 사실 1960년대에 서울의 주택난을 해결하기 위해 도시화된 곳이다. 특징적인 점이라면 성남의 원도심이 대단히 작은 면적에 단독주택을 밀집하여 건설하도록 기획됐다는 점이다. 1990년대 분당신도시를 개발하면서 원도심은 단독주택 중심으로, 신도심은 아파트 중심으로 개발됐는데 결과적으로 두 지역은 주거 환경의 불균형을 갖게 됐다.

성남시의 2단계 도시는 성남이라는 이름보다 더 유명한 '분당', 즉 분당구다. 분당구는 1기 신도시 중에서 가장 주택 공급이 많았을 뿐 아니라, 서울과의 접근성이 좋았고 심지어 서울 중에서도 강남과 연결된 지역이었다. 덕분에 2000년대 초반, 강남의 아파트들이 전부 노후화되는 단계에 들어서면서 신축 아파트를 대거 보유했던 분당의 주택 가격이 상승했다. 그래서 이때 사람들은 분당을 '천당 위 분당'이라고 부르기도 했다.

성남시의 3단계 도시는 당연히 판교다. 판교는 철저한 업무 중심의 도시, IT 산업을 대표하는 도시로 발전했고, 자연스럽게 판교와 분당구 일대의 주택들은 자족성을 갖추며 부동산 시장에서 준강남급의 위치로 거듭났다.

투자 아이디어: 구성남-분당-판교

성남시에 투자할 때는 세 가지 아이디어를 갖고 접근해야 한다.

첫 번째는 원도심의 정비사업에 대한 투자다. 일반적으로 원도심 정비사업이 제대로 이뤄지는 경기도 지역은 많지 않고, 원도심의 면적이나 주택 수가 적으면 정비 계획이 지속해서 미뤄지기도 한다. 그러나 성남 원도심의 면적은 판교와 비슷한 수준으로 넓다. 또 물리적으로 서울에 더 가깝다. 다만 교통편이 분당신도시에 비해 부족하다는 게 단점이다.

그런데 성남시는 도시의 역사가 깊고, 무엇보다 판교의 등장으로 자족성이 높아지고 교차 사용이 빈번히 일어나면서 주택 가격이 상승세에 놓이게 된다. 이에 원도심을 재생할 만한 충분한 수요가 발생하게 되고, 이것이 성남 원도심 투자의 핵심이다.

2017년 말, 성남 원도심인 수정구의 재건축 아파트가 높은 경쟁률에 분양됐다는 것이 대단한 결과였다. 산성역 포레스티아의 성공적인 분양 이후, 수정구와 중원구의 주택재개발사업에 대한 투자자들의 관심이 급증한다.

현재 성남시에는 수정구에만 신흥1구역, 신흥2구역, 신흥3구역, 태평1구역, 태평3구역, 수진1구역, 산성구역과 같은 주택재개발과 건우아파트 주택재건축, 미도아파트 주택재건축, 통보3차아파트 주택재건축 등이 진행되고 있다. 마찬가지로 중원구에도 중1구역, 중2구역, 중4구역, 금광1구역, 금광2구역, 금광3구역, 은행1구역, 은행2구역,

상대원2구역, 상대원3구역, 도환중1구역, 도환중2구역의 주택재개발
도 진행되고 있으며, 은행주공아파트와 성지궁전아파트 재건축이 진
행되고 있다.

원도심 재생의 종합적인 마스터플랜을 갖고 있는 만큼 원도심 재
투자는 장기적 측면에서 좋은 결과로 이어질 수 있다. 다음의 그림
에 성남시 도시정비사업의 구역과 현황이 자세히 나타나 있다. 특히

성남시 원도심 도시정비사업 추진 현황

구역	건축 규모(가구)	사업 단계	분양 시기
❶신흥2	4774	이주	2019년
❷중1	2395	이주	2018년
❸금광1	5078	이주	2018년 하반기
❹신흥주공	4089	철거	2017년 8월
❺금광3	711	이주	2018년

(출처: 성남시 홈페이지)

8호선 역세권에 인접한 대단지 도시정비사업에 투자할 경우 성공 가능성이 높다.

두 번째는 1990년대를 대표하는 신도시 분당구에 대한 투자다. 분당신도시는 도시구획상 주거밀집지역이지만, 도시 면적이나 서울과의 접근성 측면 등에서는 1·2기 신도시를 통틀어 최고 수준이다. 더구나 판교의 등장으로 인해 성남시가 자족성까지 갖추게 되면서 양호한 주거 환경을 갖는 분당의 가치도 동반 상승하고 있다.

분당에 살아본 사람들은 '다 좋은데 아파트만 새 아파트면 소원이 없겠다'라는 말을 입에 달고 산다. 그러니 재건축에 거는 기대감이 특별히 높을 수밖에 없다.

분당은 지하철뿐 아니라 강남으로 진입하는 버스 노선도 훌륭하게 갖춰져 있다. 특히 서울로 출퇴근하는 사람들이 많이 거주하는 아파트 중 하나인 이매촌 한신2단지아파트(1993년 준공, 1,184세대) 바로 앞 정류장에는 광역버스가 많이 다닌다. 그렇기 때문에 이 아파트는 신혼부부가 강남 출퇴근을 위해 구매했다가 다른 아파트로 건너가기에 적당한 아파트라고 판단한다. 분당의 상권을 쉽게 이용할 수 있는 것도 장점이다.

세 번째는 3단계 지역이면서 성남의 자족성을 주도하고 있는 판교에 대한 투자다. 판교는 분당구 백현동, 삼평동, 판교동, 운중동의 4개 지역으로 이루어져 있고, 업무시설과 주거지역이 밀집한 곳은 동판교인 백현동과 삼평동 일대를 말한다. 서판교인 운중동과 판교동은 백현동 카페 거리나 한남동의 한가로운 주택가처럼 두 지역이

사뭇 다른 입지적 특징을 갖는다.

　판교의 랜드마크 아파트는 백현동 판교푸르지오그랑블(2011년 준공, 948세대)로, 이 아파트는 단지 자체가 중대형 평형 위주로 구성되어 있다. 또 보평초등학교와 인접하고 보평중학교를 끼고 있으며 현대백화점과 도로 하나를 두고 마주보고 있다. 경강선과 SRT 역사가 만나는 위치에 GTX 노선이 예정된 만큼, 서울 접근성도 큰 폭으로 개선될 거라 예상한다.

　종합적으로 성남시의 부동산은 서울과 유사하다. 마포구나 영등포구, 서대문구나 동대문, 성동구 등의 원도심을 지금 다시 재생하고 있듯이 성남시도 수정구나 중원구라는 원도심을 재생시켜서 1990년대 건설된 분당과의 격차를 해소하고 있다는 점에서 그렇다. 그리고 주택을 건설하기 위해 도시 외곽으로 신규 택지를 개발하지 않고 압축 성장을 유지한다는 점도 서울과 유사한 점이다. 아마 다른 수도권 도시들은 서울시와 성남시의 도시 개발 방향을 벤치마킹하는 게 좋을 것이다.

지방 부동산 시장의 미래

대다수 부동산 도서의 내용이 서울과 수도권에 집중됐기 때문에 지방 부동산의 미래에 대해 궁금해할 독자들도 있을 것이다. 그래서 여기서는 지방 부동산에 대한 전망을 간단히 하려고 한다.

2018년 5월 모 은행 대구경북본부에서 대구·경북 지역 건설 시장에 대한 세미나를 진행했다. 건설업은 외주 산업이라 고용 효과가 높은데, 최근 건설업 동향을 통해서 경기나 고용 등에 미칠 영향을 참고하기 위한 자리였다.

세미나 이후에 대구·경북 부동산 시장에 대한 이야기가 나왔다. 그 자리에서 나는 대구 부동산 시장은 서울과 놀라울 정도로 유사해서, 서울-경기와 대구-경북의 관계가 비슷하다고 보면 될 것 같다고 했다.

첫번째 공통점은 먼저 서울시는 행정구역이 경기도로 둘러싸여 있어 더 확대되지 않는데 대구 역시 분지지형이라 면적이 대규모로 확대되지 않고, 그린벨트로 둘러싸여 있다는 점이다. 두 번째로 서울시가 경기도 내의 수요를 블랙홀처럼 빨아들이는 것처럼 대구 역시 경부 지역 소도시의 수요들을 빨아들이고 있다. 그러자 관계자들이 실제로 대구 지역의 부동산 시장 가격이 2016년 들어 잠시 보합 상태이지만 지속적으로 오르고 있다고 했다.

사실 이는 부산-경남과의 관계와도 유사하다. 부산시가 도시재생의 일환으로 재개발·재건축을 활성화하면서 주거 기능을 강화하자, 경남의 주거 중심 도시들의 수요를 빨아들이기 시작한 것이다. 이는 세종-충남도 마찬가지다. 세종시는 이미 시장에서 '블랙홀'로 불리고 있고, 청주와 공주, 나아가 대전의 수요를 빨아들이면서 성장하고 있다. 대전은 자급자족도시로서 살아남겠지만, 세종시가 있던 시절과 없던 시절은 하늘과 땅 차이라고 말할 수밖에 없다.

이처럼 대도시가 중소도시에 강한 세력권을 행사하게 되면서 중소도시의 부동산 시장은 침체하고, 대도시 중심으로 가격 상승이 나타나는 현상이 일어나고 있다. 그리고 아마 앞으로도 이런 현상은 계속될 것이다.

그래서 가끔 중소도시의 낮은 매매가와 전세가 차이를 거론하며 소액 투자를 권하는 전문가들이 등장하는데, 이런 투자는 상당히 어려운 투자다. 왜냐하면 자본주의 사회에서 양극화는 구조적인 문제이고 도시 간 양극화 역시 구조적인 문제인데, 이런 문제를 안고 투자를 하면 좋은 성과를 내기 어렵기 때문이다. 부동산 투자는 사람들의 잦은 이동과 사용으로, 교차 사용이 더 많이 일어날 것이 기대되는 도시 지역에 하는 것이 정석이다.

나아가 지방 소도시를 살린다면서 혁신도시를 건설하거나, 도시재생을 한다면서 미관 개선 활동을 하는 데 예산을 사용하는 것도 아쉬운 지점이다. 이런 활동은 소도시를 살리는 데 아무런 도움이 되지 않는다. 특히 혁신도시와 같은 지방 소도시를 완전히 대체하는 도시들은 지방 소도시를 아예 황폐화, 슬럼화 시킨다. 슬럼화는 교차 사용이 없어지도록 하며, 교차 사용이 없어지면 그 지역의 가치가 낮아지고, 이는 가격 하락으로 연결된다.

따라서 강원도 속초의 사례와 같이 지방 소도시를 대도시와 연결하여 대도시 네트워크에 들어가게 하는 것이 도시를 살리는 올바른 접근이 아닐까 싶다. 속초가 서울과의 접근성을 확보하면서 일정한 자생력을 갖자 양양과의 연계가 강화되고 있고(속초 내 도시개발은 양양축 방향으로 이뤄지는 중이다), 나아가 강릉과의 연계도 강화되고 있다. 네트워크가 연결되면 교차 사용이 빈번해져서, 도시의 가치가 상승한다.

5장

절대 실패하지 않는
흥행 보증 수표,
강북 재개발

서울의 뉴타운이
무조건 성공하는 이유

2014년 겨울, 여의도역에서 신길뉴타운 래미안에스티움의 홍보용 전단지를 나눠주고 있었고, 나도 그 홍보지를 받아들었다. 당시 언론이나 전문가들은 신길뉴타운에 대해 "입지나 분양가는 좋지만 영등포라는 지역이 별로"라는 식으로 평가했다. 고백하자면 나도 예외는 아니었다. '여의도에서 신길뉴타운에 갈 사람이 얼마나 될까?' (주택시장의 챔피언인) 래미안도 홍보를 하러 여의도까지 오는구나' 하는 생각을 할 뿐이었다.

2014년은 9.1 부동산 대책을 통해 재건축 연한이 종전 40년에서 30년으로 단축됐다고 발표한 직후라, 시장의 관심이 재건축에 집중됐다. 그래서 뉴타운사업 형태의 재개발은 큰 관심을 받지 못했고, 나 역시 신길뉴타운의 분양설명서를 주머니에 구겨 넣었던 기억이 난다.

그러나 신길뉴타운은 영등포구의 신흥 주거지역으로 명성을 얻으며 가격이 상승했고, 덕분에 그 지역의 부동산중개업소를 엄청나게 들러야 했던 것은 그로부터 불과 6개월이 지난 시점이었다. 다수의 부동산중개사분들이 신길뉴타운의 지도를 펼치면서 "신길뉴타운은 말입니다, 엣헴…"하며 2시간 이상의 고루한 설명을 늘어놨고 그럴 때마다 '왜 그때 신길에 안 갔을까…' 하며 후회했다. 약간의 걱정과 함께 분양됐던 래미안에스티움의 대성공으로 신길뉴타운에 대한 시장의 인식이 완전히 달라진 것이다. (참고로 신길7구역인 래미안에스티움은 총 1,722가구의 대단지이면서 전용면적 59m²와 전용면적 84m² 중심으로 일반 공급 됐다.)

신길뉴타운의 성공적인 분양이 알려주는 것

7호선 신풍역에서 내리면 신길뉴타운을 만날 수 있는데, 2015년 신풍역 주변에는 사실 철거가 임박한 건물이 많아서 보기 좋지 않았다. 건설사인 삼성물산에서도 신길에 최초로 분양하는 아파트의 가격을 산정하는 데 애를 먹었을 거라고 생각되는데 결과적으로 래미안에스티움은 (입주자 모집 공고 기준) 전용면적 59m²가 4.02~4.41억 원에, 전용면적 84m²는 5.36~5.69억 원에 분양됐다.

이후 신길뉴타운의 잠재력이 발휘되면서 래미안에스티움의 전용면적 59m²는 6억 원이 넘는 가격을 형성했는데, 2016년 10월 분양한 신길뉴타운아이파크(신길14구역)가 공급되는 시점에는 분위기가 완전히 달라진다.

신길뉴타운아이파크의 분양가는 전용면적 59m²가 4.52~5.06억 원, 전용면적 84m²가 5.42~6.19억 원이었다. 물론 이 분양가도 시세 대비 10% 정도 낮은 가격이었기 때문에 청약경쟁률은 52.4대 1을 기록한다.

이후 신길뉴타운의 인기가 계속 높아지면서, 2017년 봄에 분양한 신길뉴타운 보라매SK뷰는 전용면적 59m²의 분양가가 5.7억 원, 전용면적 84m²는 6.8억 원 수준이었고, 평균 경쟁률 27대 1, 최고 경쟁률은 106대 1을 기록한다.

첫 분양이 기회다

뉴타운사업처럼 지속적으로 분양이 이뤄지는 지역의 분양가는 언제가 가장 낮을까? 당연히 첫 분양 사업의 분양가가 가장 낮다. 첫 분양가를 선정할 때는 해당 지역의 구매력을 정확히 확인하기가 어렵기 때문에 아무래도 분양가를 보수적으로 책정할 수밖에 없다. 분양 이후, 해당 지역의 구매력이 확인되면 계속 분양가를 올리면서 사업 수익을 극대화하는 게 사업의 순리다.

그러나 서울의 뉴타운사업 등에 주목해야 하는 이유는 단순히 분양 순서에 따른 가격 상승을 노릴 수 있기 때문만은 아니다. 서울의 뉴타운사업은 도시를 바꾸는 사업이라는 점이 중요하다.

서울의 뉴타운사업은 2002년에 은평과 길음, 왕십리에서 처음으로 시행됐다. 이것이 1차 뉴타운사업이다(은평의 경우만 다소 다른데 이곳은 도시개발사업으로 진행한 신도시였다). 1차 사업 이후 2차 뉴타운사업이 진행되는데, 2차 뉴타운사업은 총 12개 구역에서 진행된다. 돈의문뉴타운(현재 경희궁자이), 한남뉴타운(현재 미개발 중), 전농·답십리뉴타운(청량리 역세권 일대), 중화뉴타운(중랑구), 미아뉴타운(강북구), 가재울뉴타운(서대문구), 아현뉴타운(마포구), 신정뉴타운(양천구), 방화뉴타운(강서구), 영등포뉴타운(영등포구), 노량진뉴타운(동작구), 천호뉴타운(강동구)이 바로 그곳이다. 이 뉴타운사업 중 한남·중화·신정·방화·노량진·천호뉴타운은 완성되지 못했고 나머지 사업지는 대부분 완성됐다.

2005년 이후에는 3차 뉴타운사업으로 총 11개 구역이 지정되는데 바로 이문·휘경뉴타운(동대문구), 장위뉴타운(성북구), 상계뉴타운(노원구), 수색·증산뉴타운(은평구), 북아현뉴타운(서대문구), 시흥뉴타운(금천구), 신길뉴타운(영등포구), 흑석뉴타운(동작구), 신림뉴타운(관악구), 거여·마천뉴타운(송파구), 창신·숭인뉴타운(종로구)이다. 이 중 창신·숭인뉴타운은 2013년에 최초로 지구 지역 전체가 해제됐다.

2차 뉴타운사업은 지역만 봐도 으리으리하다. 강북 뉴타운사업을 대표하는 경희궁자이의 돈의문뉴타운, 마포래미안푸르지오와 같은 대형 단지를 탄생시키며 마포구가 원도심의 훌륭한 주거지였음을 증명한 아현뉴타운, 길음·미아와 같이 성북구의 주거 밀집 기능을 담당한 뉴타운 그리고 서대문구에서도 가재울뉴타운 등이 대성공했다.

3차 뉴타운 중에서도 흑석뉴타운은 서초구 반포 옆에 있어서 '옆반포'로 불리며 대박이 난다. 그리고 신길뉴타운 역시 영등포구라는 서울 원도심의 배후주거지로서의 위상을 확보하면서 대성공했다. 이런 식이라면 향후 남아 있는 서울의 뉴타운사업들은 계속해서 주목을 받을 것으로 예상된다.

서울 재개발사업의 미래

시간이 갈수록 서울 재개발사업의 가치가 오를 수밖에 없는 이유는 앞에서 살펴본 도시개발과 관련이 있다.

서울은 강남권을 제외한 대부분의 원도심이 난개발되어 단독주택이 밀집된 채로 노후화됐다. 서울 원도심의 중심업무지구인 중구, 종로구, 여의도 일대의 배후 주거 기능을 제공해야 하는 원도심의 노후 주택들은 입지가 좋은데도 지금 시대가 필요로 하는 주거 기능을 제공하지 못했다.

그렇기 때문에 서울 원도심의 배후주거지인 마포구·서대문구·성동구·성북구·동대문구나 영등포구와 같은 노후 주거지역의 재개발은 이 지역들의 주거 수준을 급격히 올려놓는다. 즉, 단독주택 밀집지역에서 한국인이 사랑하는 아파트 밀집지역으로, 저층·고밀 주거지에서 고층·고밀 주거지로 변신한다. 더구나 서울의 중요 도심과 가깝기 때문에 입지적으로도 유리하다.

서울의 재개발도 주택 위주의 베드타운이 될 수밖에 없지만 경기도나 지방 도시들의 재생과는 다르다. 이미 서울의 중심업무지구와 물리적·환경적으로 가깝기 때문에 준자급자족도시화되는 것이다. 입지 자체가 경기도 베드타운과는 근본적으로 다르다는 의미다.

따라서 아직까지 재개발되고 있지 않으면서 강남이나 서울의 업무지구와 가까운 성수동, 노량진, 한남동, 흑석동, 방배동 일대의 재개발(재건축)이 진행된다면, 이 지역의 주택 가격은 해당 구에서 최고가를 기록할 것이라 감히 장담한다. 마포에 마포래미안푸르지오가 들어섰을 때, 성동구 옥수동에 옥수파크힐스가 들어섰을 때, 신길뉴타운에 래미안에스티움이 들어섰을 때, 종로구 돈의문뉴타운에 경희궁자이가 들어섰을 때, 중림동에 서울역센트럴자이가 들어섰을 때 모두 반복됐던 현상이다. 그리고 앞으로도 거의 모든 원도심 재개발 지역의 아파트는 그 지역 최고가를 경신할 것이다.

그래서 서울 원도심 지역의 주택재개발은 그 자체로 투자 매력이 아주 높다. 재개발이 단순히 재건축에 대한 규제를 강화해서 더 잘되고 안 되는 수준이 아니라는 의미다.

다만 재개발사업은 특성상 단독주택을 매입하고 아파트를 받는 사업이다 보니 아파트를 사서 아파트를 받는 일반적인 재건축보다 좀 더 어렵게 느껴질 것이다. 그러나 사실 두 사업은 그 방식에 있어 거의 같다. 재개발사업 방식에 대해서는《돈 되는 아파트 돈 안 되는 아파트》에 간단하게 설명한 바 있으니 필요하면 참고하도록 하자.

2

개발 호재가 무궁무진한 청량리뉴타운

수도권 부동산 투자의 지형도를 바꿀 GTX 노선을 확인하면 서울에 총 3개의 환승역이 생긴다는 것을 알 수 있다. 바로 서울역, 청량리역, 삼성역이다. 이 중 삼성역이 위치할 곳에는 현대자동차그룹의 초고층 빌딩도 건설될 예정이어서 많은 관심을 받고 있는데, 상대적으로 청량리역은 아직 사람들이 그 진가를 잘 모르는 듯하다. 청량리 일대는 부동산 투자자라면 반드시 주목해야 할 지역이다.

현재 청량리역은 1호선과 경의중앙선이 지나가는 더블역세권이다. 청량리역의 발전은 분당선의 종착역이 왕십리에서 청량리로 한 정거장 연장되는 것에서부터 시작한다. 분당선은 이름은 분당선이지만 수원과 용인에서 타는 승객이 많아 분당 사람들이 잘 타지 못할 정도다. 그래서 '분당선이 아니라 수원·왕십리선으로 불러야 한다'

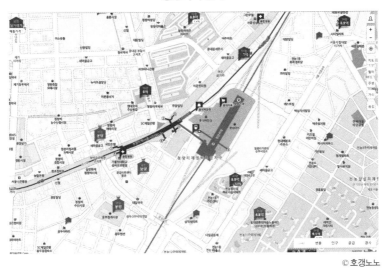

© 호갱노노

는 볼멘소리도 나온다.

분당선이 수원역까지 연장되면서 수원의 원도심도 교통편의성이 개선됐다. 권선구의 아파트 가격이 상승한 것도 당연한 결과다. 마찬가지로 분당선이 왕십리 출발에서 청량리역 출발로 노선이 변경되면 청량리 역세권 일대는 과거 수원 역세권 일대가 그랬듯 강남 접근성이 대폭 보강될 것이다.

이뿐 아니다. GTX B노선인 송도~마석 노선과 C노선인 의정부~금정 노선 모두 청량리역을 지날 예정이다. 특히 GTX C노선의 경우, 청량리역에서 삼성역까지는 불과 1개 정거장일 정도로 강남 접근성이 극도로 개선된다. 물론 아직 C노선의 착공이 확정된 것은 아니지만 현 정부 하에서 수도권 광역노선도가 착실하게 진행될 가능성이 높다는 것을 감안하면 청량리역이 노선에 포함될 가능성은 높다. 또 청량리역은 경의중앙선과 1호선이 지나기 때문에 서울의 비강남 지역으로의 접근성도 높다.

전농·답십리뉴타운

청량리역이 재평가받으면서 동시에 주목받기 시작한 지역이 바로 전농·답십리뉴타운이다. 전농·답십리뉴타운은 총 90만m²의 미니 신도시만 한 면적으로, 총 1만 가구가 건설될 예정이다.

이 일대에서 래미안이라는 브랜드의 존재감은 어마어마한데, 2013년에 준공된 전농동 래미안크레시티(2,397세대)가 랜드마크급 입지를 자랑하고, 2014년 준공된 답십리동 래미안위브(2,652세대) 역시 대단지로 구성됐다. 래미안위브는 답십리초등학교를 단지 내에 품고 있고, 지하철 5호선에 인접하여 광화문·종로·여의도 접근성이 좋다.

청량리역 일대는 전반적으로 교통 측면에서 상당한 강점이 있다. 그래서인지 준공 시점보다 최근에 가격이 더 가파르게 상승하고 있다.

장위뉴타운

광운대역 역시 GTX C노선 중 하나로, 광운대 역세권 개발 사업을 통해 이 지역 일대가 크게 변화할 것으로 기대된다. 이에 광운대 역세권의 배후주거지로 부각될 지역이 바로 장위뉴타운이다.

래미안장위퍼스트하이(2019년 준공, 1,562세대)와 래미안장위포레카운티(2019년 준공, 939세대)는 이미 분양됐다. 앞으로 분양할 예정인 장위6구역 래미안은 1호선과 6호선이 인접한 더블역세권이기 때문에 높은 경쟁률을 예상한다.

장위뉴타운은 뉴타운사업지구 지정 해제가 되어 존치될 구역이 많다. 투자에 앞서 정확한 내용을 알고 싶다면 성북구청 홈페이지에서 재개발 구역 현황(http://www.seongbuk.go.kr/newtown/PageLink.do)을 살펴보도록 하자.

장위뉴타운 사업 추진 현황

(출처: 성북구청 홈페이지)

이문·휘경뉴타운

동대문구 이문동의 이문·휘경뉴타운 역시 신축 아파트 공급으로 관심을 가질 만한 지역이다. 이문1구역은 래미안 브랜드가 들어설 예정이며, 주변에 의릉(경종 왕릉으로 세계문화유산이다)과 예술원 등이 있

이문·휘경뉴타운 사업 추진 현황

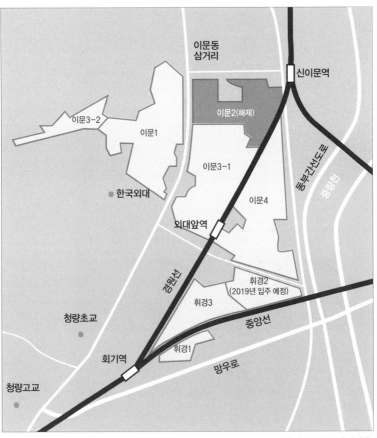

(출처: 동대문구 홈페이지)

어 녹지 환경이 잘 구축돼 있다.

이문·휘경뉴타운에서 처음 분양된 아파트는 휘경SK뷰(2019년 준공, 900세대)다. 앞으로 역을 사이에 두고 이문3-1구역과 이문4구역에 초대형 단지가 건설될 예정이기 때문에 이 일대의 주택 지형도는 완전히 달라질 예정이다.

이문·휘경뉴타운에 공급될 총 주택 수는 1.7만 호 이상으로, 엄청난 규모다. 그간 동대문구와 성북구에 신축주택이 대량 공급될 기회가 적어서 2010년대의 가격 상승기에 편승하지 못했지만, 2020년대는 뉴타운사업의 활성화와 함께 새로운 가격 흐름을 보일 가능성이 높다. 부동산 투자자라면 반드시 탐방해야 할 지역이다.

강북 최고의 몸값을 자랑하는 마포와 서대문

마포와 서대문, 종로구의 돈의문뉴타운 등을 포함해서 장위, 이문·휘경, 동대문, 가재울, 길음·미아뉴타운 등 많은 강북 지역에서 뉴타운사업이 진행되고 있다.

투자의 관점에서 강북 지역의 뉴타운 사업에 관심을 가져야 하는 이유는 무엇일까? 재건축초과이익환수제 등 재건축 규제 때문에 재개발사업이 반사 이익을 얻기 때문일까? 이런 이유는 강북이 뜨는 핵심적인 이유라고 보기는 어렵다.

강북 재개발사업은 1970년대의 개발 단계에서 멈춰 있는 서울의 원도심을, 다시 새로운 시대에 맞는 주택을 공급하는 지역으로 변화시키는 사업이다. 이것이 해당 지역의 가치와 투자 가치를 높이는 것이다.

서울은 중구와 종로구라는 업무밀집지역을 중심으로, 마포구와 서대문구, 동대문구나 용산구, 성동구와 영등포구 등이 먼저 개발됐다. 그 당시의 개발이란 사람들이 몰려들어 저층·고밀도의 주거 단지를 형성하면서 살아가는 것이었다. 그러다 박정희 시절 이후부터 현대식 도시계획이 받아들여지기 시작하면서 서울에 택지개발지역이 공급됐는데, 이 지역들은 모두 원도심이 아닌 원도심 외곽 지역인 양천구, 강서구, 강동구, 강남구, 서초구, 송파구, 노원구 일대였다. 1980년대 이후 이 지역들이 부동산 시장의 중심 지역이었다. 그사이 원도심인 강북 지역은 소외된다.

그로부터 30년 이상이 흐르고 2010년대가 되면서 강북 지역은 뉴타운사업을 통해서 현대식 아파트 단지로 재개발되기 시작한다. 그러자 도심에 인접해 있다는 입지적 장점과 신축 아파트의 효과가 함께 발휘가 되면서 이들 지역의 가격 상승이 잇따르게 됐다. 이것이 서울의 원도심 재생사업이 갖는 변화의 힘이고, 이러한 거대한 변화를 주도했던 재개발사업지가 바로 마포구와 서대문, 종로구였다.

아현뉴타운

마포구를 넘어 강북의 부동산 시장을 송두리째 바꿔놓은 프로젝트는 바로 아현뉴타운 재개발사업이었다. 지하철 6호선 대흥역과 공덕역, 2호선 이대역과 아현역, 5호선 공덕역과 애오개역으로 둘러싸인 아현뉴타운은 현재 사업이 완료되어 총 1.8만 세대 이상의 아파트가 밀집한 주거중심지역으로 거듭났다.

아현뉴타운 중에서도 가장 유명한 단지는 바로 아현3구역이었던 마포래미안푸르지오(2014년 준공, 3,885세대)다. 총 51개 동에 24평, 34평, 45평, 57평으로 구성된 대단지로, 입주와 동시에 마포구를 대표하는 아파트가 됐다. 지상에 주차장이 없어 차가 돌아다니지 않으니 안전해서 엄마들이 선호하고, 아파트 내부에 다양한 편의시설(북카페, 독서실, 헬스장, 사우나, 실내놀이터와 키즈카페 등)이 있어서 더 사랑받는 단지다.

아현뉴타운이 성공한 이유는 무엇일까.

도시개발의 단계가 증명하듯, 아현동 일대는 중심 업무지역인 종로와 중구의 배후주거지로, 태생부터 교통을 포함한 입지 조건이 좋은 지역이다. 이 지역에 재개발사업을 통해 신축 아파트가 대거 공급되자 도심의 주거밀집지역은 반드시 성공한다는 것이 다시 한 번 증명됐다. 또 신축 강세라는 흐름에 승차한 것도 행운이었다. 최근 마포-공덕 일대는 고소득 직장인들이 선호하는 지역으로, 강남권과 달리 신흥 자수성가형 젊은 부자들이 많다. 그들이 지역 커뮤니티를 발전시키면서, 지역 또한 성장하고 있다.

돈의문뉴타운

돈의문뉴타운(현재의 경희궁자이 지역)도 마찬가지였다. 서대문인 돈의

문은 원도심과 여의도에 손쉽게 접근할 수 있는 입지적 장점이 있는 노후 단독주택 밀집 지역이었다. 그런데 이 지역이 뉴타운사업을 통해서 재개발되니, 2단계 도시를 만들 때와 같은 도심 주거밀집지역 효과가 나타난 것이다. 이 두 지역과 다음의 북아현뉴타운을 포함한 서대문구·중구·마포구는 원도심의 배후주거지다. 서울 원도심의 주거밀집지역 재개발은 성공의 보증 수표라는 점을 꼭 기억하자.

북아현뉴타운

북아현뉴타운의 면적은 0.9km²로, 규모가 웬만한 미니 신도시급이다. 총 1.2만 호 이상의 주택이 신규 건설될 예정이고, 북아현 1-1·1-2·1-3구역과 북아현2구역, 북아현3구역 총 5개의 구역에서 사업이 진행되고 있다. 이 중 북아현2구역의 입지가 가장 좋은 편이나 조합장의 사법 처리 등 불미스러운 일이 많아 사업 속도가 더디다. 그래서인지 1구역들의 사업 속도가 빠른 편이다.

북아현1-3구역에는 e편한세상신촌(2016년 준공, 1,910세대)이 들어섰다. 2호선 아현역과 이대역을 이용할 수 있는 역세권 아파트. 북아현1-2구역은 아현역푸르지오(2015년 준공, 940세대)로, 가장 먼저 완성된 단지다. 아현역푸르지오는 혁신초등학교인 북성초등학교를 단지 내에 품고 있고, 2단지는 한성고등학교, 3단지 e편한세상신촌은 한성중학교를 품고 있다.

북아현뉴타운 토지이용계획도

일반적으로 단지 안에 초 · 중 · 고등학교가 모두 있는 아파트가 선호되는데, 해당 지역은 '교육환경보호구역(정화구역)'이라고 해서 금지 행위나 시설물 인가에 어려움을 겪는다. 즉, 환경이 청정하다는 의미다. 이런 맥락에서 아현푸르지오와 e편한세상신촌은 한 단지 안에 초 · 중 · 고등학교가 모두 있는 것은 아니지만 주변에 유흥시설이 전무하여 주거지로서의 기능을 충분히 발휘할 것이라고 판단된다. (참고로 해당 지역의 교육환경보호구역 여부는 교육환경보호구역 GIS[https:// cleanupzone.edumac.kr/gis/gis.do]에서 확인할 수 있다.)

아현뉴타운, 북아현뉴타운, 돈의문뉴타운으로 연결되는 강북뉴타운 트리오는 강북 지역 주거의 질을 한 차원 높은 수준으로 끌어올렸다. 주택 중심 지역으로서 가졌던 가치와 가격이 2010년대가 돼서야 비로소 발휘되고 있는 것이다.

서울에는 이 세 군데 이외에도 개발 잠재력이 높은 지역들이 여전히 존재한다. 이런 맥락에서 서울의 원도심이 강남처럼 제대로 개발됐다면 어땠을까 하는 아쉬움이 여전히 남는다.

4

언제나
투자 매력이 넘치는
목동과 신정뉴타운

2016년 '행복한 양천 반려견 문화축제'가 열리던 때였다. 누군가 양천구의 모양이 강아지와 비슷하다며 다음의 이미지를 SNS에 올렸다. 실제로 양천구의 외형이 강아지를 많이 닮은 것 같기도 한데, 양천구의 반려견 축제 포스터도 이를 의식하고 만든 것이 분명하다. (저작권 관계상 포스터를 본문에 싣지 못했는데, 인터넷에서 '양천구 반려견 축제 포스터'를 검색해보면 무슨 의미인지 바로 알 것이다.)

신정뉴타운

강아지 외형처럼 친근한 이미지의 양천구는 전체 면적의 70%가 주

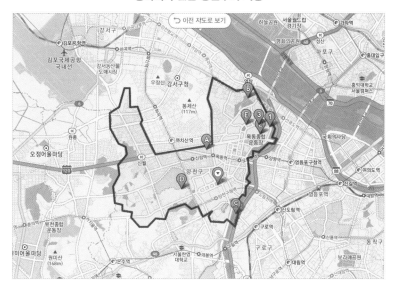
강아지와 닮은 양천구의 외형

거지인 전형적인 주거중심지역이다. 서울 원도심에 몰려든 인구를 분산하기 위해 1979년부터 목동지구가 개발되면서 양천구는 1980~1990년대 신흥 주거지로 떠올랐다.

  양천구의 대표적인 주거지역은 목동 신시가지다. 이외에도 주목해야 할 지역이 있는데 바로 신정뉴타운이다. 신정뉴타운은 서울시 양천구 신월동과 신정동 일대에 개발되는 곳으로, 약 0.7㎢ 규모에 총 1.1만여 가구가 거주하는 주거밀집지역이다. 주변에 계남근린공원이 있는 녹세권(녹지가 주변에 있는 단지)이고, 대규모 단지 중심으로 재개발돼서 경쟁력이 있다.

  신정1-2구역과 신정1-4구역은 이미 개발이 완료되어, 신정1-2구역에는 신월동 신정뉴타운두산위브(2012년 준공, 357세대)가, 신정1-4 구역에는 신월동 신정뉴타운롯데캐슬(2014년 준공, 930세대)이 건설됐다. 신정1-1구역은 2018년 중에 분양할 예정으로 총 3,045세대의 대단지인 신정뉴타운아이파크위브가 들어설 예정이다. 부동산 투자자라면 늘 대단지 아파트 분양에 관심을 가져야 한다.

개인적으로 기대하는 아파트는 신정2-1구역에 준공될 래미안목동아델리체(2020년 준공 예정, 1,497세대)다. 래미안목동아델리체는 2호선 신정네거리역에 인접한 초역세권이고, 신월동과 신정동의 약점 중 하나로 거론되는 김포공항의 항공기 이착륙 소음에도 다소 자유롭다. 무엇보다 대단지라는 점과 서울 전역을 운행하는 지하철 2호선 역세권이라는 점 때문에 기대가 크다.

앞으로 신정뉴타운 지역에 경전철 목동선이 건설되면 5호선 오목교역과 2호선·9호선 당산역과의 접근성이 향상된다. 목동선은 목동 시가지 전체를 훑고 지나가는데 신정뉴타운과 목동신시가지의 도시철도 여건이 현재보다 획기적으로 개선될 것이다.

양천구에 관심이 있다면 주목해야 할 또 다른 아파트가 바로 목동힐스테이트(2016년 준공, 1,081세대)다. 일단 이 아파트는 목동 신시가지 내의 신축 아파트라는 점만으로도 이미 차별적이다. 2호선 신정네거리역에 초인접해 있고, 초등학교는 혁신초등학교인 양명초등학교, 신서중학교는 목동 학군에 포함된다. 또 아파트 주변에 신정뉴타운이 있는데, 신정뉴타운이 재개발되면서 근린상권 등도 동시에 개선되기 때문에 주거 환경 개선 효과를 누리게 될 것이다.

이 외에 목동을 대표하는 아파트 단지는 목동5단지, 목동1단지, 목동2단지 등과 주상복합인 하이페리온 1차와 2차 등이다.

목동은 살펴볼수록 지역 전체가 소셜믹스(Social mix, 사회의 다양한 면을 섞는다는 뜻) 돼 있는 것을 알 수 있다. 초고층 주상복합이 중심에 자리하고 있고, 목동1단지부터 14단지라는 거대한 아파트 그룹이 신시가지를 형성한다. 또 지역 곳곳에 빌라(단독주택)가 위치하면서 서초구나 강남구와 같이 교차 사용이 많이 일어나도록 디자인되어 있다. 그런 점에서 목동 부동산 시장의 내재 가치는 높다고 판단한다.

반면 목동도 풀어야 할 숙제가 있다. 적절한 시기에 재건축이 진행되지 못하고 장기 지연됐을 때 벌어질 원주민의 이탈이 그것이다. 시대를 막론하고 사람들이 '새 집'을 선호하는 경향은 막을 수가 없다. 목동은 잠재력이 가장 높은 지역 중 하나인 만큼 재건축 시점 또한 가장 중요한 이슈가 될 예정이다.

통일이 되면
서울의 집값은
오를까, 내릴까?

2018년 4월 27일, 역사적인 남북정상회담 이후 부동산 시장에서 '통일(또는 활발한 남북경제협력)'이 화두가 되고 있다. 특히 이제 겨우 20분의 1 정도를 개발한 개성공단과 함께 파주에도 개성공단2가 새롭게 개발되어 제조 중심 도시가 건설될 것이라는 관측도 나오고 있다. 앞으로도 풀어야 할 과제가 많겠지만, 북한이 부동산 시장에 상당한 영향을 미칠 것이라고 예측하는 이들은 많아 보인다. 실제로 최근에 통일 전후의 독일 부동산(주로 서독) 가격에 대한 조사 요구나 통일 이후 서울의 주택 가격이 어떻게 변화할지 등에 대한 질문을 종종 받는다.

아마도 남북한 주민들이 자유롭게 오가고 더 나아가서 거주할 수 있게 된다면, 서울과 평양 중 어느 도시가 더 수혜를 볼지가 핵심일 것이다. 본문을 통해 '네트워크 효과'에 대해 이야기했듯 기본적으로는 둘 다 수혜를 볼 것이다. 다만 단기적으로는 평양이, 장기적으로는 서울이 수혜 지역이 되지 않을까 싶다.

단기적으로는 당연히도 평양 주택의 가격 급상승이 예상된다. 시장경제주의로 편입됐던 독일의 사례도 이와 유사했다. 1990년 10월 이후, 동독의 평균 지가(地價)는 2년 만에 두 배가 올랐다. 건설시장이 활성화된 것도 당연했다. 동독의 경우 건설업종 종사자 수가 동독 총 제조업체 종사자 수를 초과할 만큼의 건설 특수를 누렸다. 독일뿐 아니라 베트남, 중국 등 (자본주의 소유권과 비슷한 형태의) 초장기 사용권(50년 임대)을 공급·거래할 수 있게 한 거의 모든 나라에서 주택 가격은 급등했다.

서울은 장기적으로 가장 큰 수혜를 볼 것으로 기대된다. 지금 우리나라는 서울과 경기도, 인천이라는 수도권에 총 인구의 50%가 집중돼 있다. 수도권은 단순히 인구만 집중해 있을 뿐 아니라, 한국의 경제 구조를 떠받치고 있는 반도체, 핸드폰, 디스플레이나 화학, 은행, 보험, 증권과 같은 금융업, 바이오 등 미래 산업, 벤처 등 창업의 중심이 모두 모인 곳이다. 그렇기 때문에 인구 몇십만, 몇백만의 다른 신도시가 수도권, 더 좁게는 서울 세력권과 연결되면 서울 세력권을 대체한다기보다 그대로 흡수될 가능성이 높다. 비유하자면 강물이 바닷물을 만나면 바닷물이 되는 것이다.

이는 독일의 사례에서도 나타난다. 통일 이후 동독 주민들이 서독으로 대거 이동했지만 서독 주민들은 동독으로 대거 이동하지 않았다. 이에 서독은 통일 초기에 엄청난 주택 공급을 해야 했다. 반면 동독은 연이은 인구 유출로 통일 초기에 급상승하던 주택 가격이 1994년부터 2000년대 중반까지 지속해서 하락한다. 독일 전체로 보면 1994~2010년까지 주택 가격의 조정이 있었는데 통일 이후에 주택을 급격하게 과공급한 것도 원인이었다. 그러나 이후 독일경제가 부활하면서 독일 부동산 시장 가격은 급격히 상승했고, 현재에 이르고 있다.

이와 비슷하게 우리나라가 통일을 한다면 초창기에는 평양 등 북한 부동산 가격의 급등이 예상되지만, 결국 경제의 중심인 서울이 장기적으로 큰 수혜를 얻을 수밖에 없을 것이다.

6장

강남 재건축 아파트가
무조건
투자 1순위인 이유

모든 것이 갖춰진 도시, 강남

1

작년 가을에 지인에게서 연락이 왔다.

"상욱아, 이번에 내가 반포주공1단지의 재건축 시공사를 골라야 되는데, 네가 볼 때는 ○○건설이 더 나아 보이니 △△건설이 더 나아 보이니?"

그래서 반문했다.

"네가 볼 때는 둘 중에 어디가 더 나아 보이는데?"

"음… 브랜드만 따지면 ○○건설이 나아 보이는데, 설계나 조건을 보면 △△건설이 낫단 말이야. 그래서 어려워서 그렇지."

"나 같으면 △△건설을 선정할 것 같다. 다양한 이유로…(중략). 그런데 네가 언제 반포주공1단지를 샀었지?"

"네가 3년 전에 재건축 투자를 하라고 말할 때부터였지. 그때 네가 반포에 투자할 거면 반포주공1단지를 사라고 했잖아. 마침 사고 싶은 마음이 있었는데 그 말을 듣고 투자했다. 산 이후에 가격도 오르고 재건축까지 하게 돼서 성공했지. 네가 밥 사달라고 하면 맨날 살게."

"정말 잘했네. 아마 다른 사람들은 그렇게 투자하라고 해도 하지 못했을 거야. 반포주공1단지는 재건축이 된다면 2020년대에 서울에서 가장 유명한 (랜드마크) 아파트가 될 거라고 장담한다."

그 이후 반포주공1단지를 소유한 이들에게 몇 번 전화를 받았는데 다들 재건축까지 하게 되어 기쁘다는, 비슷한 이야기를 했다.

아마도 우리나라에서 반포주공1단지만큼 시작부터 대단했던 아파트는 없을 것이다. 반포주공1단지의 분양 당시 평당 가격이 20만 원 내외였고 현재 시세가 평당 8,000만 원 이상이었으니 분양 대비 가격이 400~500배 정도 상승한 셈이다.

강남 재건축 아파트가 비싼 이유

아마도 많은 사람이 강남 아파트의 가격이 지나치게 비싸다고 생각할 것이다. 물론 소유주들의 생각은 정반대이겠지만 말이다. 양쪽의 의견을 수도 없이 들어본 나로서는 어떤 지점에서 관점의 차이가 생기는지 알 것도 같다.

강남이 비싸거나 안 비싸다고 판단하는 기준은 무엇일까. 나는 첫 번째가 '교육', 두 번째가 '교차 사용'이라고 생각한다.

서초구와 강남구 두 개 지역의 아파트를 고르는 가장 큰 이유 중 하나는 바로 '학교'다. 학교를 선택하는 기준은 자녀의 성별인데 즉, 성별에 따라 선호하는 단지가 갈린다는 말이다. 그런 다음 교육관, 연식, 단지 특성, 가성비 등을 살펴보는 식이다.

예를 들어 고등학교 학군이 좋은 반포, 서초, 잠원, 도곡, 대치, 개포의 경우 자녀의 성별에 따라 선호하는 단지가 확연히 갈린다. 대치동에 탐방을 갈 때마다 들었던 질문이 '아이가 딸이에요 아들이에요?'였다. 그리고 아들이라고 대답하면 바로 추천 단지를 들을 수 있었다. 자녀가 딸이면 도곡삼성래미안이나 도곡렉슬을, 아들이면 개포우성아파트나 동부센트레빌, 래미안대치팰리스를 추천받았다.

반포도 비슷했다. 자녀가 '딸'이라고 하면 큰 고민이 없이 세화여자고등학교를 보낼 수 있는 래미안퍼스티지를 추천받았다. 아들이라면 반포고등학교를 염두에 두고 반포자이, 반포리체, 삼풍아파트를 추천받았다. 물론 자녀의 성별만으로 단지를 선택하는 것은 아니겠지만, 이 기준으로 아파트를 고르는 것은 이 지역의 큰 합리성 중 하나였다.

나로서는 이런 방식으로 아파트를 고르는 것이 대단히 신선했다. 다른 지역은 이런 선택지를 제공하지도 못하기 때문에 선택권이 있다는 것 자체가 상당한 강점이 되는 것이다.

일반적으로 고등학교까지 염두에 두고 집을 선택하게 된다면 자연스럽게 대형 평형의 수요로 연결되고 동시에 장기간 거주를 고려하게 된다. 따라서 잠시 머무르는 곳이 아닌 평생 정착할 지역으로 거론된다는 것만으로 강남권 지역이 갖는 가치는 외부에서 바라보는 것 이상이라고 생각한다.

두 번째는 교차 사용이다. 강남권은 그야말로 교차 사용의 꽃이다. 그 이유는 이 지역에 가장 다양한 시설과 가장 다양한 구성원이 몰려 있기 때문이다. 강남권에는 아파트뿐 아니라 단독주택(빌라)도 상당한 면적을 차지하며 공생하고 있다. 강남은 우리나라에서 가장 많은 빈도의 교차 사용이 일어나는 곳이고, 이는 임차료로 드러나고 곧 가격으로 환산된다.

그래서 도시의 세력권이 커질수록 도심에서의 교차 사용도 더 많아질 것이기 때문에 지속해서 도심의 가격은 상승한다. 이것이 강남 재건축 아파트가 갖는 특징이다.

이미 비싼데 더 오를까?

장기적으로 강남권 아파트의 투자 매력이 높은 이유는 단순하다. 강남권은 서울이라는 거대한 도시, 서울 세력권이라는 거대한 영역의 중심이기 때문이다. 서울의 물리적 중심은 용산구라 해도, 도시적 관점에서의 중심은 단연 서초구와 강남구다. 그렇기 때문에 이 지역은 한국 부동산 시장을 대표하고 있고 앞으로도 대표할 것이어서, 강남권 아파트 재건축은 기회나 여건이 허용하는 한 무조건 투자 0순위라고 해도 과언이 아니다.

다만 2017년에 발표된 8.2 부동산 대책 이후 강남권을 포함한 서울의 총 11개 구가 투기지역으로 지정되면서 투자할 때 반드시 유의해야 할 사항들이 생겼다. 앞으로는 반드시 신설된 규제들에 대해 정확히 알아야 한다. 자칫 잘못하면 투자 성과가 모두 날아가 버릴 수 있기 때문이다.

2

재건축 아파트의 투자 리스크

노후 재건축 대상 아파트는 투자자들이 가장 선호하는 투자 대상 중하나다. 그러나 앞으로 재건축 대상 아파트를 매수할 때 반드시 투자수익률에 큰 영향을 줄 다양한 리스크에 대해 정확히 알아야 한다. 여기서는 앞으로 유념해야 할 재건축 아파트의 투자 리스크를 정리해보았다.

현금 청산의 가능성

간혹 부모들이 자녀에게 증여하거나 혹은 투자 목적으로 같은 아파트를 두 채 이상씩 보유하는 경우가 있다. 예를 들어 압구정 현대1차

아파트나 은마아파트와 같은 대단지 아파트의 물건을 여러 채 보유하는 식이다.

그런데 2017년에 발표된 6.19 부동산 대책으로 인해 이제 재건축 아파트 조합원은 가구당 종전 최대 세 채에서 한 채밖에 분양받지 못한다. 이를 '조합원의 재건축 아파트 분양주택 수 제한'이라고 한다.

따라서 두 채 이상의 재건축 아파트를 가지고 있다면 현금 청산될 수 있다. 현금 청산이란, 가지고 있는 노후 아파트를 새 아파트가 아닌 적절한 현금으로 받고 조합에서 빠지게 되는 것이다. 즉, 누군가가 대치동 은마아파트와 같은 재건축 아파트를 다섯 채를 가지고 있다면 그 다섯 채 중 네 채는 현금 청산되고 오로지 한 채만 받을 수 있다는 의미다.

그런데 예외 규정으로 두 채를 받을 수 있는 경우가 있는데, 1+1 재건축과 같은 형태로 종전의 한 채가 두 채로 바뀌는 경우다. 다만 1+1으로 추가되는 한 채는 전용면적 59m² 미만으로 면적 규정이 적용돼서, 전용면적 114m²+전용면적 59m²로는 받을 수 있어도 전용면적 84m²+전용면적 84m²와 같은 형태로는 받을 수 없다.

이 기준은 2017년 10월 24일에 변경됐기 때문에, 만약 지금 동일한 재건축 대상 아파트를 두 채 이상 보유했다면 이 점을 유념하여 매도나 증여를 통해서 리스크 관리를 하는 게 좋다.

그리고 매수자 입장에서도 조합원 입주 자격이 없는 아파트를 매수할 가능성이 있다는 것을 알아야 한다. 실제 재개발·재건축에서 입주 자격이 없는 조합원 물량을 매수하는 경우가 종종 있다. 이런 아파트를 '현금 청산 대상 아파트'라고 부르는데, 일반적으로 관리처분인가 이후 90일 이내에 현금 청산이 된다. 즉, 아파트를 받지 못한다는 의미다.

5년 이내 재당첨 금지 조항 강화

개포동 시영아파트를 재건축한 래미안강남포레스트. 이 아파트는 강남권 재건축 아파트임에도 불구하고 36세대분의 미계약이 발생했다. 그리고 이 36세대의 미계약분은 재분양하여 최종 경쟁률 33대 1로 완판됐다.

어째서 강남권 재건축 아파트 분양에서 미계약분이 발생하는 걸까. 바로 청약 1순위 자격 조건에 미달한 세대의 당첨이 취소된 것이다. 그 자격 조건이란 '5년 내 재당첨 제한'이라는 규정이다. 즉, 5년 이내에 주택 분양에 당첨된 사람은 청약 1순위가 될 수 없다. 그런데 이 규정을 모르고 청약에 넣었다가 당첨이 취소됐고 그래서 미계약분이 생긴 것이다.

그런데 8.2 부동산 대책에서는 5년 이내 재당첨 제한 규정이 더 강화된다. 바로 재건축 조합원의 조합분양주택도 5년 이내 재당첨이 제한되는 것이다. 만약 신반포자이의 조합원 분양을 받은 사람이 반포주공1단지도 가지고 있어서 5년 이내에 분양받을 예정이라면, 이제는 자격에 제한을 받아 현금 청산된다는 의미다.

이 규제를 좀 더 단순히 요약하면, 앞으로 구축 아파트 매수를 제외한 모든 '분양', 즉 재개발이든 재건축이든 조합이든 일반이든 결국 신축 아파트는 5년에 한 채만 분양받을 수 있다는 뜻이다. 더 많은 주택을 갖고 있어도 현금 청산될 가능성이 높다는 의미이니, 재개발·재건축 물량에 너무 많은 투자를 하는 것은 오히려 투자 리스크를 높인다는 것을 알아야 한다.

2018년 이후 재건축 아파트 투자 전략

나는 작년에 출간한《돈 되는 아파트 돈 안 되는 아파트》에서 전국의 아파트 그룹을 4개로 나누었다. 이는 기존에 아파트를 입지나 지역별로 나누는 방식에서 탈피한 것으로, 연식으로 아파트를 그룹별로 나누어 그동안 보지 못했던 것들을 보는 방식이었다. 아래는 그 내용을 간략히 요약한 것이다.

전국 아파트 그룹별 전망과 대응

아파트 그룹	재건축 초과이익환수제 적용 유무	2017년 가격 특징	2018~2022년 전망과 대응
1그룹: 재건축 대상 아파트 (약 50만 호의 준공 31년차)	적용	상반기 · 하반기 강세(조합방식 속도전, 신탁방식 재건축 추진)	• 재건축초과이익환수제 회피 단지로 주택 가격 초강세 • 재건축 진행 중인 단지는 현금 청산 리스크를 고려해야 함

2그룹: 재건축 후보 대상 아파트 (약 267만 호의 준공 21년차)	적용	상반기 정체, 하반기 초강세	• 안전진단, 속도 지연 등 단기적인 투자 매력은 낮으나 장기적인 투자 매력은 여전히 높음. 투자 기간, 성향에 맞게 접근해야 함 • 1990년대에 준공된 아파트는 리모델링으로 선회 가능
3그룹: 재건축이 종료된 아파트 (약 450만 호의 준공 10~20년)	미적용	준공 10년 미만 아파트는 강세, 10년 이상 아파트는 둔화	신축 아파트는 가격 초강세, 구축 아파트는 주변 신축 단지의 수혜 여부에 따라 가격 차등
4그룹: 건설 중인 아파트 (분양권, 약 200만 호의 준공 10년 미만)		분양권 프리미엄 강세	당분간 신축 아파트 공급이 더 줄어들 예정이기 때문에 분양권 프리미엄 강세 지속 전망

먼저 1그룹은 재건축 추진 중인 아파트다. 8.2 부동산 대책 이후 유념해야 할 점은 재건축 절차 중 조합설립인가 이후의 단계가 진행 중인 아파트들은 원칙적으로는 매매가 금지됐다는 점이다. 예외적으로 10년 이상 보유하고 5년 이상 점유한 소유주에 한해서만 매도를 허용하고 있다.

1그룹 중에는 재건축초과이익환수제가 적용되는 아파트(2017년 말까지 관리처분인가를 신청하지 못한 아파트)와 적용되지 않는 아파트(2017년 말까지 관리처분인가를 신청한 아파트)가 있다. 재건축초과이익환수제를 피한 반포주공1단지의 1·2·4주구나 반포주공3단지와 경남아파트의 통합 재건축 단지는 거래가 적을 뿐 가격은 초강세다.

재건축초과이익환수제를 피한 아파트로는 반포동 신반포3차와 경남아파트 통합 재건축, 신반포13차, 신반포14차, 신반포15차, 신반포

22차, 방배13구역, 반포주공1단지(1·2·4주구), 잠원동 한신4지구, 서초동 신동아1·2차아파트다. 또 송파구의 신천동 미성타운아파트·크로바맨션 통합 재건축, 진주아파트도 재초환을 피할 수 있었다.

강남구는 개포주공1단지, 삼성동 홍실아파트, 역삼동 개나리4차, 일원동 대우아파트가 재건축초과이익환수제를 피했다. 강남 3구에서 재건축초과이익환수제를 피한 아파트는 어느 아파트 할 것 없이 가격이 급등했다. 거래가 뜸한 신반포14차만 봐도 2016년 9월 마지막 실거래가가 12.95억 원에서 호가 19억 원대가 됐을 정도다.

반면 재건축초과이익환수제의 적용을 받는 잠실5단지를 비롯한 아파트는 일정 부분 가격 약세 압력을 받게 됐다. 물론 재건축초과이익환수제가 근본적으로 강남권 아파트의 가치를 훼손할 수는 없다. 다만 당연히 재건축초과이익환수제가 적용되는 아파트와 적용되지 않는 아파트 중에서는 적용되지 않는 아파트가 더 낫기 때문에 가격 강세를 보이는 것이다. 일반적으로 강남권 아파트의 경우, 초과이익이 주택 매매 가격의 10% 내외 정도의 꽤 큰 규모가 될 것으로 예상한다.

2그룹의 아파트는 준공 21년차 이상의 재건축 후보 대상 아파트다. 2그룹은 다시 2개의 그룹으로 나뉘는데 이를 편의상 2-1그룹과 2-2그룹이라 칭하겠다.

2-1그룹은 1980년대 말에 건설된 서울시의 택지개발지역(개포, 수서, 목동, 상계·중계·하계동, 고덕, 광명 일대)과 광명시 등의 아파트다. 이

지역들은 서울 세력권 내의 명품 주거지역으로, 재건축 이후에는 과거 신도시의 명성을 회복할 가능성이 높다. 《돈 되는 아파트 돈 안 되는 아파트》에서 가장 선호한 그룹이었다. 그러나 앞으로 재건축 투자 기간이 좀 더 길어질 것을 감안하면 장기 투자 수익률이 종전 대비 낮아질 것으로 예상된다.

2-2그룹은 1990년대 초에 개발된 신도시인 분당, 일산, 평촌, 중동, 산본과 각 시도의 신규택지개발지구 등의 노후 아파트들이다. 규모가 방대한 1기 신도시는 다른 지방 도시와 달리 거의 무조건 정비사업이나 리모델링 등을 통해서 재탄생될 것으로 보인다. 2-2그룹은 2-1그룹 아파트들이 재건축된 이후에나 재건축·리모델링 등이 가능할 것으로 보인다. 그래서 사실상 10년 이상의 초장기 투자 계획을 수립해야 하는 그룹으로 변모했다. 2그룹 아파트에 관심이 있다면 전반적으로 투자 기간이 장기화될 수 있음을 충분히 고려해야 한다.

3그룹은 재건축과 관련이 없는 신축 및 구축 아파트다. 주로 1990년대 말~2010년대까지 지속적으로 공급된, 대부분 용적률을 법정 상한까지 충족시킨 아파트로 전국에 가장 많은 규모다. 이 그룹은 준공된 지 10년 미만의 신축 아파트 그룹(이하 3-1그룹)과 준공된 지 10년 이상 된 구축 아파트 그룹(이하 3-2그룹)으로 나눌 수 있다.

먼저 3-1그룹인 신축 아파트 그룹은 2010년대 아파트 가격 상승의 주인공이었고, 2020년대에도 그 희소성과 특별함으로 가격 상승을 주도할 것으로 기대한다. 개인적으로는 이번 책을 통해 3번 그룹의 등급을 한 단계 높여 투자 가치 최고 등급으로 꼽겠다.

3-2그룹인 구축 아파트 그룹은 여전히 사용 가치가 높아 첫 주택을 구입할 때 가장 우선적으로 고려할 만한 대상이다. 투자적인 관점에서 다른 그룹에 비해 높은 성과를 내기는 어렵겠지만, 구축 아파트 중에서도 신축 아파트들이 주변에 들어서기 시작한다면 해당 아파트의 가격도 동반 상승할 수 있다.

4그룹은 분양권 그룹이다. 사실 자격만 된다면 주저 없이 서울 아파트 청약을 넣으라고 권하고 싶다. 경기도권의 아파트 청약은 앞에서 살펴본 대로 해당 도시가 자급자족도시인지 의존적 도시인지에 따라서 달라지리라 본다. 자급자족형 신도시의 분양이라면 두려움 없이 청약하고, 베드타운화 돼 있는 지역이라면 신중하게 접근하자.

재개발과 같은 정비사업의 청약도 비슷한 맥락에서 접근해야 한다. 원도심이 충분히 크고 대체 불가한 서울시, 부산시, 대구시, 성남시, 수원시의 경우라면 얼마든지 청약을 해도 좋다고 생각한다. 그렇지 않은 도시라면 원도심의 정비가 용두사미로 끝나거나 원도심이 방치될 가능성을 고려해야 한다.

추가적으로 청약조정대상지역의 분양권은 이제 전매가 불가능하며, 당첨 시 5년 이내 재당첨 제한 규정이 있다는 것도 유념하여 청약 전략을 짜야 한다.

아무리 제도가 바뀌어도
솟아날 구멍은 있다

현 정부의 부동산 정책은 취임 이후 너무 자주 나오기도 했고, 내용 또한 방대하다. 하지만 부동산 투자자라면 제도가 복잡하다고 푸념할 시간에 공부해야 한다. 이 책의 목적도 독자들로 하여금 스스로 변화된 제도를 파악하고, 투자 원리를 찾는 것이다.

그런데 복잡한 정부 정책을 일일이 설명하는 것이 아닌 정부의 정책 방향을 알기 쉽게 설명하는 방법을 고심하다가 이를 주택의 권리 차원에서 풀어보면 좋겠다는 생각으로 다음의 내용을 설명하려고 한다.

민법에서 주택의 소유권은 ①사용할 수 있는 권리인 '사용권' ②타인에게 임대하고 수익을 낼 수 있는 권리인 '수익권' ③주택을 처분할 수 있는 권리인 '처분권'으로 나뉜다. 집을 산다는 것은 이 세 가지 권리를 모두 산다는 의미다.

$$소유권 = 사용권 + 수익권 + 처분권$$

그런데 사용권과 수익권은 양립할 수 없다. 즉, 소유주가 집을 점유하면서 동시에 임차할 수는 없다는 의미다. 그래서 자가 점유일 때는 권리 상태가 사용권으로, 임대줄 때는 수익권으로 변한다. 그렇다면 1주택자가 자가 점유할 때의 권리 상태는 어떨까? 다음과 같이 구성된다.

$$자가 점유 = 사용권 + 처분권$$

그렇다면 2주택자가 (자가 점유 중인 주택을 제외한) 두 번째 주택을 임대 놓을 경우, 권리 상태는 어떨까? 바로 다음과 같이 구성된다.

$$2주택(임대주택) = 수익권 + 처분권$$

마찬가지로 세 번째 주택을 임대 주고 있는 경우라면 그 주택의 권리 상태 또한 수익권과 처분권으로 구성되고, 네 번째, 다섯 번째 임대주택 모두 동일하다.

2018년 4월 1일부터 다주택자에 대한 과세가 강화된 것은 물론 장기주택보유특별공제도 적용이 되지 않아 과세표준 금액 자체가 높다. 1세대 1주택을 소유한 경우에는 9억 원까지 양도소득세가 비과세(2년 거주의 경우)인 것과 비교하면, 두 번째 주택부터 급격한 권리 하락이 나타나는 셈이다. 특히 양도소득세가 중과되므로 처분권 권리의 하락이 가팔라진다. 비슷한 맥락에서 3주택 이상 보유자라면 주택의 처분권 가치는 더욱 하락하는데, 양도 차익의 약 70%에 육박하는 금액을 세금으로 내야 하기 때문이다. 처분권의 가치가 종전에 100이었다면 2018년 4월 1일 이후 3주택자의 처분권 가치는 35 정도일 뿐이다. 즉, 집을 여러 채 갖고 있는 사람이라면 최대 2주택만 남기고 처분하도록 하는 세금 정책이 실행된 것이다.

이런 정책대로라면 다주택자의 경우, 수익권과 처분권으로 구성되는 주택의 권리가 하락할 것이기 때문에 이론상 주택 가격도 무조건 하락해야 할 것이었다. 그런데 정책 시행 이후 주택 가격은 왜 반대로 급등한 것일까?

그 이유는 주택의 거래량에서 찾을 수 있다. 1년 동안 우리나라 아파트의 평균 거래량은 약 70만 호가 채 되지 않는다. 그런데 총 아파트 수는 1천만 호이므로 전체 아파트의 소유주가 바뀌는 데 걸리는 시간은 13~14년이다(1,000만 호/70만 호=13.××년). 그러므로 시세가 상승했지만 수익 실현을 하지 않고 오랜 기간 주택을 거래하지 않은 소유주들이 최근 거래한 사람들보다 더 많다. 그런데 이들은 8.2 부동산 대책으로 인해 어쩔 수 없이 보유 주택을 처분하고 10년 이상 누적해온 수익을 실현하게 된다. 이렇게 다주택자들이 두 번째, 세 번째 주택들을 처분하고 자신이 거주할 아파트 한 채의 가치를 극대화하기 시작하면서(일명 '똑똑한 한 채') 매매 가격이 급등하는 현상이 이어진다. 이런 흐름이 2017년 8월부터 2018년 3월까지 약 7개월에 걸쳐서 전반적으로 나타났다.

그렇다면 앞으로 다주택자들이 보유한 (자가 주택을 제외한) 추가 주택의 가격은 권리가 하락할 것이기 때문에 가격이 무조건 낮아지게 될 것인가? 나는 단연코 아니라고 생각한다. 그 이유는 바로 '주택임대사업자' 등록에 있다. 임대주택 등록을 통해 권리의 상승을 기대할 수 있는 것이다.

2주택자가 주택임대사업자로 등록하면(준공공임대주택으로 등록한다고 가정한다), 8년 임대 후 매각 시 장기보유특별공제율 0%가 아닌 70%를 적용받을 수 있다. 즉, 매각 차익이 5억 원이라면 종전에는 장기보유특별공제 0%가 적용되므로 과세표준액이 5억 원이지만, 장기보유특별공제 70%를 적용받으면 3.5억 원을 공제받아서 과세표준액이 1.5억 원이 된다. 8.2 부동산 대책 이전의 다주택자들보다도 더 낮은 세금을 낼 수 있는 것이다. 이렇게 되면 자연스럽게 처분권의 가치가 상승한다.

그래서인지 종전까지 (2018년 3월 말 기준) 누적 70만 호 등록에 불과하던 다주택자들의 임대사업자 등록이 110만 호에 육박했다. 총 민간 임대주택의 15% 수준이다. 물론 아직까지 등록하지 않은 80~85%의 다주택자의 주택이 여전히 존재한다. 그러나 등록한 사업자들의 주택의 가치가 상승했으므로 이를 종합적으로 해석한다면 기존 주택의 가격 상승이 발생하는 효과로 연결된다.

7장

구매력 이동을 예상하고 투자하라

강남이 재건축하면
왜 분당 집값이 오를까?

시장 조사 차원에서 분당의 여러 부동산중개업소를 들러서 시장 분위기를 듣던 시기가 2017년 늦은 봄이었다. 내가 분당에 대해 좀 더 진지하게 접근해야겠다고 생각한 이유는 의외로 아주 간단했다. 바로 반포의 재건축 때문이었다.

반포는 2016년 아크로리버파크의 입주가 시작되면서 30평형대 최고가를 갱신하며 일시에 달아올랐다. 아크로리버파크의 시세가 18억 원을 넘자 14억 원대에 분양했던 반포의 여러 단지들의 가격도 곧바로 따라 상승했다. 반포한양아파트를 재건축한 신반포자이의 가격이 곧바로 올랐고, 신반포자이가 오르자 곧바로 나머지 재건축 예정 단지들의 가격도 올랐다. 또 이처럼 신축 아파트의 높은 가격은 구축 아파트의 대장격인 반포래미안, 반포자이의 가격까지도 동반 상승시켰다.

이처럼 아크로리버파크의 준공이 반포·잠원 일대 신축 아파트 가격 강세의 시발점이었음을 부인할 수 없을 것이다. 그런데 왜 반포 때문에 분당을 다시 봐야 한다고 생각한 걸까. 바로 구매력 때문이다.

재건축이 시작되면 어디로 이사를 갈까?

서초구나 강남구와 같이 주거 환경이 좋은 지역에서도 당연히 가구들은 전출입한다. 2014년 11월부터 2017년 11월까지의 약 3년 동안 서초구에서는 5,508세대가 순전출(유입 세대보다 유출 세대가 큰 것)했다. 과연 이 3년 동안 전출된 가구는 어디로 옮겨갔을까.

서초구에서 순전출한 세대는 총 5,508세대로, 그중 1,354세대가 성남시로 거주지를 옮겼다. 그다음은 1,292세대가 용인시로, 1,070세대가 송파구로 옮겨갔다. 790세대가 성동구로, 561세대가 하남시로, 317세대가 동작구로, 277세대가 용산구로 순전출했다.

여기서 순전출은 단순히 이사일 수도 있고, 재건축사업으로 인해 어쩔 수 없이 거주지를 옮긴 것일 수도 있다. 그러나 거주지를 옮기는 행태와 장소에 대해서는 고민해볼 여지가 있다.

나는 오래전부터 강남의 아파트들이 활발하게 재건축하기 시작하면 성남시가 가장 큰 수혜를 볼 것으로 전망해왔다. 그렇게 생각한 이유는 간단했다.

3년간 서초구의 인구 이동 현황

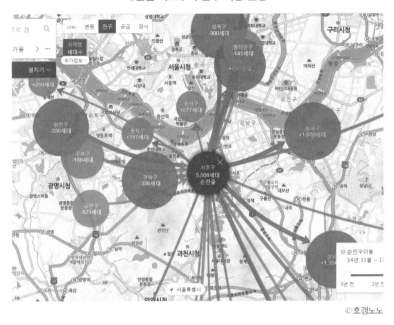

© 호갱노노

한국에는 두 가지의 구매력 계층이 존재하는데, 첫 번째는 자가 구매력이고, 두 번째는 전세 구매력이다. 그런데 이 자가와 전세의 구매력 격차가 가장 큰 지역이 바로 서울, 그중에서도 강남구와 서초구다.

먼저 강남의 전세가는 (신축이 아니라면) 사실상 6~8억 원대가 대부분이다(전용면적 85㎡ 기준). 물론 신축 아파트의 전세가는 13억 원도 넘지만, 재건축을 바라보는 노후 아파트는 전세가가 매매가의 35~40% 수준에 불과하다. 따라서 이 지역에 전세로 살다가, 살던 아파트를 매매한다는 것은 상당히 부담스러운 일이다.

그래서 전세가와 매매가의 차이가 극심한 지역의 아파트들이 재건축을 시작하면, 그때는 해당 지역에 살고 있던 가구가 대거 이동하게 된다. 첫 번째로는 자가로 거주하던 이들이 종전의 주택을 매도하고 신축 아파트로 이동한다. 두 번째로는 전세로 거주하던 이들이 다른 아파트로 이동한다.

강남권 아파트에 자가로 살던 사람들은 어느 지역으로든 갈 수 있으니 굳이 설명할 필요는 없을 것 같다. 그런데 서초에서 6~8억 원대의 전세를 살던 사람들은 같은 지역의 전세를 다시 구하거나 그 가격의 아파트를 매매할 수 있는 곳으로 옮길 가능성이 높다. 이 점을 고려하면 이주 가능성이 가장 높은 지역은 당연히 성남시 분당이다. 왜냐하면 교육·상업·업무 기능이 집중된 고속터미널이 있으면서 강남 일대로의 접근성이 좋기 때문이다. 즉, 살던 대로 살 수 있는 지역이다. 이런 맥락에서 신분당선을 이용할 수 있는 용인의 광교와 성동구, 동작구가 고려 대상이 될 것이다.

공교롭게도 2017년의 분당 탐방 이후 6월부터 분당의 가격은 거짓말처럼 상승세를 타기 시작했다. 당연하게도 분당 역시 투기과열지구로 지정됐는데, 분당의 가격 강세의 원인은 여러 가지가 있겠으나, 구매력의 이동 측면에서도 설명이 가능하다는 점을 말하고 싶다.

2

목동과 여의도가
재건축하면
어디가 오를까?

나는 매일 여의도에 출퇴근하기 때문에 당연히 여의도 부동산 시장에 관심이 많다. 여의도는 서울시 도시개발 초창기에 개발됐고, 계획도 거창했다. 그러나 여의도공원이 군사 목적의 항공기 활주로로 기획되고, 여의도의 서쪽은 국회의사당보다 낮은 고도 제한을 갖게 되어 저층 건물로 채워지게 되면서 원래의 계획은 어긋나게 된다. 다행스럽게 동쪽에 한국거래소 등이 들어오면서 금융 메카로 거듭났다. 여의도 북쪽은 한강둔치를 앞두고 여의도 초·중·고등학교가 배치되면서 주거와 교육, 환경 중심의 지역으로 자리 잡게 되고 시범아파트를 중심으로 한 대규모 아파트 단지들이 들어선다. 남쪽에는 여의도 미성아파트와 광장아파트 등이 건설됐다.

여의도 또한 매매가와 전세가의 격차만큼 구매력 격차도 크다. 특히 금융 기업들이 대거 입점해 있는 만큼 여의도는 앞으로도 서울의 특징적인 업무지구로 활용될 전망이기 때문에 이 지역의 아파트 재건축이 진행되면 상당한 재편을 겪을 것으로 예상된다.

　여의도 최대 규모 단지인 시범아파트(1971년 준공, 1,790세대)의 매매가는 2017년 말 기준 9억~9.4억 원(전용면적 79㎡), 전세는 3억 원 내외여서 전세가율이 매매가의 30%대로 낮다. 시범아파트의 성공적인 분양 이후 준공된 한양아파트(1975년 준공, 588세대)도 매매가는 약 9.7억~10.2억 원, 전세가는 5억 원대다(전용면적 84㎡ 기준), 여의도대교아파트(1975년 준공, 576세대)도 매매가는 9.5억 원 내외, 전세가는 4억 원대 초반이다(전용면적 95㎡ 기준). 이 외에도 여의도삼부아파트, 여의도서울아파트, 여의도공작아파트 등의 아파트 매매가와 전세가의 차이가 커서 이 지역이 재건축되면 많은 세대가 전출입할 가능성이 높다. 2010년대의 서초구, 강남구에서의 전출입이 많았다면 2020년대 전후로는 양천구, 영등포구, 강남구, 송파구 주민들의 많은 전출입이 예상된다.

재건축이 시작되면 어디로 이사를 갈까?

목동과 여의도 일대의 재건축이 진행되면 살던 아파트의 전세 보증금을 가지고 이동할 수 있는 지역이 강서구와 영등포구 일대다. 특히 강서구 등촌동의 아파트는 매매가 가능할 뿐 아니라 9호선도 이용할 수 있고 마곡의 배후주거지이기도 해서 더욱 기대되는 지역이다.

특히 가양동 강변3단지아파트(1992년 준공, 1,556세대)가 기대되고, 화곡동 우장산아이파크e편한세상(2008년 준공, 2,517세대)은 5호선 우장산역 역세권에 내발산초등학교와 인접했다는 입지적인 강점이 있어 전세나 매매 수요가 증가할 것으로 예상된다. 강서힐스테이트(2014년 준공, 2,603세대)는 이 지역에서 신축·역세권이라는 물리적 장점을 가진다.

영등포동의 영등포푸르지오(2002년 준공, 2,462세대)와 영등포아트자이(2014년 준공, 836세대)도 여의도 접근성이 좋은 아파트다. 이 아파트는 신길뉴타운에 인접했으면서 앞으로 건설될 신안산선역 중 하나인 도림사거리역(아직 역 위치는 미확정)에 인접해 있다. 이 두 아파트의 전세가가 4억 원대였으니 여의도 재건축이 시작되면 그 수요를 받아줄 만한 곳이라고 판단된다.

또 여의도 일대 아파트의 전세 가격으로 자가 구입할 만한 아파트들은 5호선과 2호선의 환승역인 영등포구청역 일대를 기준으로 당산동과 양평동에 자리 잡고 있다. 당산동2가 현대아파트(1994년 준공, 783세대), 영등포 삼환아파트(1999년 준공, 520세대), 양평동 양평현대6차아파트(2000년 준공, 770세대) 등이 이에 해당한다.

전세대란을 몰고 올
노원구 재건축

3

서울의 11개 투기지역이 발표됐을 때 많은 사람이 노원구가 포함된 것을 의아하게 생각했다. 노원구의 평균 주택 가격이 다른 10개 구에 비해서 낮았기 때문이다. 그러나 국토부는 노원구의 주택 가격 상승률이 충분히 높았다고 판단했고 그래서 노원구 또한 투기지역으로 지정됐다.

노원구는 서울 동북부 지역을 대표하는 주거밀집지역이다. 서울의 서부 지역을 대표하는 목동신시가지와 비슷한 시기에 건설됐고, 상계동과 중계동, 하계동으로 연결되는 상·중·하계동과 월계동과 공릉동이 포함되어 총 5개의 법정동(法定洞, 법률로 지정된 행정구역 단위)으로 구성된다. 노원구는 총 55만 명 이상이 거주하는 주거밀집지역인 만큼 어디를 둘러봐도 아파트로 가득 차 있다.

재건축이 시작되면 어디로 이사를 갈까?

앞으로 대단지 아파트가 밀집한 노원구에서 재건축이 본격적으로 진행되면 이 지역에 거주하는 사람들은 어디로 이동하게 될까?

첫 번째로 예상되는 구매력의 이동 경로는 노원구 지역 내에서 가격대를 맞춰서 이동하는 것이다. 매매가 5억 원대의 아파트에서 4억 원대의 전세를 살고 있다면 매매가 4억 원대의 아파트를 찾거나 하는 방식이다. 두 번째는 노원구 바로 옆 도봉구의 창동이나 쌍문동 일대나 중랑구로 이동하는 것이다. 세 번째는 서울을 벗어나 경기도의 서울 세력권 내 도시로 옮기는 것이다. 해당 지역으로는 남양주시, 구리시, 의정부시 등이 있으며 하남시도 포함된다.

실제로 최근 1년간 노원구의 인구는 순전출로 감소하고 있다. 그리고 이들은 도봉구, 중랑구, 구리시, 남양주시, 의정부시, 하남시 등으로 이동하고 있다.

목동과 마찬가지로 노원구의 재건축이 어떤 순서로 진행될지는 짐작하기 쉽지 않다. 다만 총 인구 55만 명 이상이 거주하는 대규모 아파트 단지의 재건축이 본격화됐을 때 아마도 이주 수요가 남양주시와 의정부시로 옮겨갈 가능성이 높다. 남양주의 다산진건공공주택지구 내의 신축 아파트들과 지금지구의 신축 아파트의 인기가 높아질 것이다.

현재 서울시가 충분한 주택을 갖고 있지 못한 상태이기 때문에, 앞으로 주택재건축을 통해 발생하는 이주 수요는 서울시 내에서 다 해소되지 못하고 경기도로 넘어가는 경우가 상당히 발생할 것으로 예상된다.

어쩌면 현재의 재건축 안전진단 강화 등의 규제(2018년 3월부터 정밀안전진단 강화)는 앞으로 예상되는 노원구, 양천구, 강남권 등의 대규모 주택재건축이 두려워 나온 대책일지도 모른다.

금광 위에 지은
아파트가 있다고?

창원시의 군부대 이전 부지에 공급된 유니시티는 총 6,100여 세대의 대단지다. 이 일대를 개발하는 과정에서 웃지 못할 해프닝이 일어났다.

보통 미군기지로 활용되는 용산이나 의정부 등에서 군부대가 이전하고, 그 지역을 개발하게 되면 갑자기 머리에 띠를 두른 사람이 스윽 나타나서 이런 이야기를 하며 시위를 한다.

"이 땅은 선대로부터 물려받던 땅인데 6.25 전쟁 통에 소유권을 잃었다가 나중에 미군부대를 건설하면서 소유권을 박탈당했다. 오랜 기간 선조들에게 도리를 다하지 못했는데, 오늘 이렇게 군부대가 이전하면서 오랜 숙원을 풀 수 있게 됐다. (알 수 없는 한지로 된 서류를 흔들며) 이것이 그 증표다. 국방부는 이 땅을 원소유주인 누구누구의 손자인 홍길동에게 넘겨라."

이런 주장이 좀 무리라고 생각하는 사람에게는 좀 더 구체적인 설명과 함께 접근한다. 바로 해당 부지의 원소유주와 약 200여 년 동안, 지하 매장물의 '광업권'에 대한 매수 계약을 체결했으니 지하의 개발 권리는 자기에게 있다고 주장하는 식 등이다. 어떤 광물에 대한 광업권을 매수 계약했는지를 물어보면 한국에서 흔하디흔한 '규소'를 채굴하는 광업권이라고 한다. 아니, 금광도 아니고 규소를 채굴하는 데 광업권 계약을 한단 말인가. 다행히 이과생이어서 이런 수작에 넘어가지 않을 수 있었다.

이처럼 토지에 대한 소유권이나 토지 매장물의 개발권에 대해 주장하는 사람들이 알면 깜짝 놀랄 만한 아파트가 서울 한복판에 있다.

서울시 마포구의 아파트 중 이름에 '황금'이 들어간 아파트가 있다. 바로 마포동 쌍용황금아파트다. 아파트의 이름에 '황금'을 넣은 이유는 이름 그대로 아파트의 부지에서 황금이 발견됐기 때문이다.

아파트 공사가 진행 중이었던 1998년, 공사 현장에서 금이 발견된다. 그곳은 과거 이승만 대통령의 별장이 있던 지역이었는데 그 아래에 금맥이 있었던 것이다. 공사 현장에서 금맥이 발견됐고 육안으로 확인될 정도였으니 감정 결과도 경제성이 좋다는 내용으로 나왔다고 한다.

해당 지역에서 금을 처음 발견한 강재풍 재건축조합 부조합장은 "터파기 공사장에서 유난히 반짝이는 돌을 몇 개 주워 사무실에 보관했는데, 그 후에도 노란 돌이 계속 발견돼 광물감정원에 감정을 의

뢰했다"고 밝혔다. 감정 결과, 금의 품질이 금광으로 유명했던 충북 음성 무극광산 수준이었다고 한다. 진짜 금맥이었던 것이다.

그러나 재건축 조합은 입주 예정일이 이미 정해져 있는 데다, 금맥이 국방부 소유의 땅과 사유지 아래로 연결돼 개발하기 어렵다는 이유로 광산 개발을 포기한다. 그 대신 '노다지' 발견을 기념하여 아파트의 이름에 '황금'을 넣는다.

이 아파트의 금맥이 유명해진 이유는, 발견 시점이 IMF의 파고가 거세지던 1998년이었기 때문이다. 전국적으로 금 모으기 운동이 한창이었던 가운데 아파트 건설부지 아래에 금맥이 발견된다? 이것만큼 사람들 입에 오르내리기 좋은 이야깃거리가 없었다.

금맥 위에서 사는 것이 좋다고 생각하는 사람들은 이 아파트를 한번 살펴보는 것이 좋겠다. 쌍용황금아파트는 2000년 8월 준공했으며, 총 339세대로 구성돼 있다.

8장

GTX
노선도를 따라
투자하라

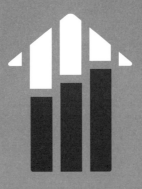

GTX A노선 수혜 지역
: 경기도

1

GTX A노선 사업자 선정이 2018년 4월 27일에 이루어졌다. 승자는 현대 컨소시엄을 이긴 신한은행 컨소시엄이었다. 이들이 사업의 우선 협상 대상자가 되면서 경기 서북부와 경기 동남부를 관통하는 GTX A노선에 대한 기대가 커졌다. 특히 GTX를 통해 서울 접근성이 높아질 파주시나 고양시, 성남시나 용인시 부동산 시장에 대한 기대가 커지는 중이다.

GTX는 A, B, C의 총 3개 노선이 제안됐고 이 중 가장 빠른 착공 일정을 계획하는 노선은 A노선이다. A노선의 경우 파주 운정에서 삼성역까지 연결되는 구간은 민간사업자가 추진하고, 삼성역부터 동탄까지는 정부가 추진한다. 민간사업자가 결정됐으니 빠르면 2018년 안에 파주 운정~삼성역 구간이 착공될 수 있을 것이다.

사실 A노선은 시작부터 이미 '될' 노선이었다. 유일하게 사업성이 확보된 노선이기 때문이다. 과연 A노선은 어느 곳에 정착하고, 어느 단지들이 A노선의 수혜를 받게 될까?

수혜 지역1 : 파주 운정신도시

A노선의 출발지로 파주 운정신도시가 큰 관심을 받고 있다. 실제 파주 운정 노선이 확정되면서 운정신도시의 분양권 프리미엄이 5,000만 원 이상 올랐다는 기사가 곳곳에 실리기도 했다.

운정신도시에서 역사 위치로 거론되는 지역은 힐스테이트운정(2018년 준공, 2,998세대)과 운정신도시센트럴푸르지오(2018년 준공, 1,956세대) 그

운정신도시 GTX 역사의 예상 위치

© 네이버

리고 운정신도시아이파크(2020년 준공 예정, 3,042세대)의 서쪽 상업지구다. 광범위하게는 책향기마을도 A노선의 수혜를 받을 것으로 예상된다. 파주 운정신도시의 GTX역은 중심 상업지역이 될 가능성이 높다.

수혜 지역2: 킨텍스역

킨텍스역은 고양시 일산서구 대화동의 온누리공원 일대다. 여기에는 킨텍스꿈에그린(주상복합, 2019년 준공, 1,100세대)과 오피스텔의 복합 시설이 위치한다. 힐스테이트일산(오피스텔, 2019년 준공, 1,054세대)과 일산더샵그라비스타(2019년 준공, 1,020세대)는 온누리공원이 있는 블록에 위치한다. 바로 맞은편의 킨텍스 원시티에 위치한 일산한류월드유보

킨텍스역 인근 수혜 지역

© 네이버

라더스마트(2020년 준공, 924세대)도 수혜가 예상된다.

일산서구 킨텍스역 일대는 문촌마을과 강선마을로 구성되어 있는데, 이 두 마을은 원래부터 지하철 3호선 역세권 지역이었던 만큼 GTX가 준공되면 서울 접근성이 훨씬 개선되어 일산을 대표하는 지역으로 거듭날 것이다. 특히 준공과 맞물려 2020년대 하반기 재건축을 통해 신축 아파트로 준공되면 자연환경과 킨텍스 등 MICE(기업회의[meeting], 포상관광[incentives], 컨벤션[convention], 전시[exhibition]의 앞 글자를 딴 단어로, 국제회의와 전시회를 주축으로 한 유망 산업)가 인접하고, 한류월드 등 콘텐츠가 숨 쉬는 지역으로 고양시를 대표하는 지역이 될 전망이다.

수혜 지역3: 대곡역

A노선의 세 번째 역은 바로 대곡역이다. 대곡역 일대는 오랜 기간 그린벨트로 묶여 있던 지역인데, 2009년에 그린벨트가 해제되면서 개발 가능성이 모락모락 일던 지역이다. 그러다가 2017년 사업타당성 검토 용역에 착수하면서 앞으로 도시개발사업이 진행될 가능성이 높아졌다.

개인적으로 대곡역은 2014년부터 덕양구 행신동 일대 투자를 위해 수차례 다니면서 호기심이 일었던 지역이다. 왜 일산동구와 행신 사이에 이토록 넓은 평지 지역이 그린벨트로 지정돼 있는 걸까?

대곡역 일대

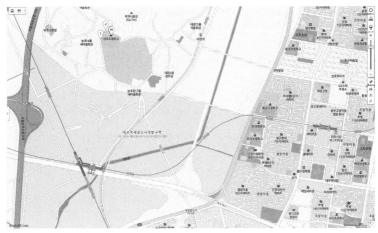

© 네이버

　사실 일산동구와 서구를 서울과 연결하는 경의선은 대곡, 능곡, 행
신 등을 거쳐 수색, 가좌를 통해 서울로 곧바로 연결되는 반면 3호선
은 대곡에서 화정, 원당, 원흥, 삼송, 지축을 거쳐 연신내와 불광을 통
해 은평구로 커다랗게 회전하고 서울로 돌아가는 코스다. 왜 직선으
로 선로가 놓이지 않았을까 하는 생각이 끊이지 않았는데, 박정희 대
통령이 서울을 그린벨트인 녹지대로 360도 감싸는 형태의 도시구조
를 강력하게 원했다는 것을 알게 됐다. 그래서 박정희 대통령 사후에
도 그린벨트 지역을 훼손하지 않고 그린벨트의 끝단에 손만 턱 하고
걸친 형태로 신도시들이 설계됐다고 한다.
　어쨌든 이제 대곡역 일대는 GTX 노선, 3호선, 경의중앙선이 모조
리 지나는 핵심 역이 될 뿐 아니라 외곽순환도로 일산IC를 도시 바

로 옆에 품고 있는 교통의 요지로 자리 잡을 것이다. 특히 이 지역에 업무시설이 대거 배치될 것이 기대되면서 화정동, 행신동, 원당동 등 일대가 재개발·재건축과 함께 주요 주거지로 떠오를 것으로 예상된다.

주목할 만한 아파트로는 토당동 대림2차(1997년 준공, 640세대), 능곡 풍림아이원(2002년 준공, 244세대)과 3호선 화정역에서 화정초등학교와 화정중학교를 끼고 있는 별빛마을청구현대 7단지(1996년 준공, 1,136세대), 별빛마을9단지(1995년 준공, 2,008세대), 별빛마을10단지건영(1996년 준공, 1,080세대) 등 대단지 아파트다.

2

GTX A노선 수혜 지역
: 서울

누군가는 GTX 노선이 깔리면 서울에서 인구가 수도권으로 빠져나가 서울 부동산에 부정적인 영향을 줄 거라고 말한다. 그러나 도시 생활이 주로 이뤄지는 서울 세력권 입장에서 보자면 GTX는 서울시로 통근·통학하는 인구수를 늘려 더 많은 도시 생활이 이뤄지도록 한다. 서울 세력권의 규모가 더 커질 것으로 예상되기 때문에 GTX는 경기도뿐 아니라 서울시에도 수혜라는 점을 꼭 기억하도록 하자.

수혜 지역1 : 연신내역

GTX A노선은 서울을 관통한다. 먼저 GTX A노선의 네 번째 역인 연신내역 일대를 살펴보자. 서울의 시작이자 끝인 연신내역은 3호선과 6호선의 더블역세권이고, 연신내역과 한 정거장 거리의 3호선 불광역 역시 6호선 불광역과 더블역세권이다. 은평구 거주자의 상당수가 광화문 일대로 출퇴근을 하는 만큼 서울역까지 불과 한 정거장, 삼성 역까지 두 정거장에 갈 수 있다면 GTX의 수혜를 크게 볼 지역으로 예상된다.

가장 큰 수혜 단지는 불광동 북한산힐스테이트7차(2011년 준공, 882세대)다. 북한산힐스테이트7차 맞은편으로는 대조1주택재개발사 업이 진행되고 있는데, 재개발이 진행되면 이 지역 전체의 주거 환경 이 개선될 것으로 예상된다. GTX와 도심재개발에 따른 최대 수혜를 받을 수 있을 것이다.

북한산힐스테이트7차 옆에 자리한 불광라이프미성그린타운아파

연신내역 일대

© 네이버

트(1988년 준공, 1,340세대)는 이제 준공 30년을 바라보면서 재건축까지 기대할 수 있다. 불광동 주변의 불광롯데캐슬(2013년 준공, 588세대)이나 북한산힐스테이트3차(2010년 준공, 1,185세대)도 광범위한 수혜가 예상된다.

수혜 지역2: 서울역

연신내역 다음 역은 서울역이다. 서울역에 대한 설명이 굳이 필요할까 싶지만, 의외로 많은 이들이 북부 서울역 개발에 대해 잘 모른다.

이 사업은 2009년부터 논의되어 중간에 여러 우여곡절이 있었지만, 2016년부터 다시 본격적으로 논의되기 시작했다. 일단 서울역에만 기존 철도와 지하철 노선도에 신규 노선이 대거 추가되는 만큼, 지상 철로를 지하화하고 이를 통해 확보되는 지상 공간을 주변 공간과 연계시켜 상업·유통 업무시설로 개발하려는 방안이다.

서울역에 추가되는 신설 노선은 KTX 1개 노선(수색~광명), GTX 2개 노선(A, B노선), 신분당선, 신안산선 등 5개나 된다. 이 노선이 2030년까지 모두 준공되는 것을 가정하면 서울역의 하루 유동인구는 지금의 33만 명 수준에서 82만 명 수준으로 대폭 증가할 것이다.

북부 서울역 개발의 수혜지 아파트는 중림동과 만리동 일대의 아파트들이다. 가장 먼저 중림삼성사이버빌리지(2001년 준공, 712세대)와 서울역리가아파트(2012년 준공, 181세대) 그리고 신축 아파트인 서울역

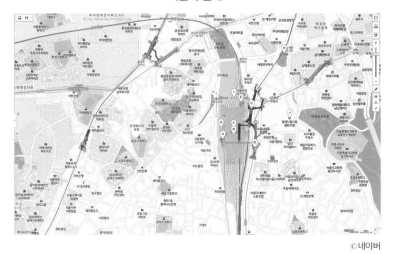

© 네이버

한라비발디센트럴(2018년 준공, 199세대), 서울역센트럴자이(2017년 준공, 1,341세대)다.

　용산구 서계동, 청파동, 효창동 일대의 재개발이나 주거 환경개선 사업 역시 장기적으로는 수혜가 예상된다. 포켓몬스터 게임이 한창 인기일 때 효창공원으로 몬스터를 잡으러 여러 차례 갔던 기억이 난다. 그때 포켓몬을 잡을 게 아니라 부동산을 열심히 봤어야 했다.

수혜 지역3: 삼성역

GTX A노선의 마지막 역은 민자사업으로 진행될 삼성역이다. 삼성

© 네이버

역은 상전벽해의 수준을 넘어 21세기 서울의 중심 지역으로 변모했다. 박정희 시절의 영동대개발 사업의 시작부터 한국전력이 위치한 부지가 현대차그룹에 매각된 것까지, 50여 년간 강남은 한국 부동산의 중심 그 자체였다.

삼성역도 서울역과 마찬가지로 GTX 2개 노선이 지나가는데, A노선과 C노선이 그것이다. 특히 영동대로에는 지하화 작업을 통해 국내 최대 규모의 지하 공간이 형성될 예정이다.

영동대로 복합개발로 수혜가 예상되는 삼성역 인근의 아파트로는 래미안대치하이스턴(2014년 준공, 354세대), 대치현대아파트(1999년 준공, 630세대), 대치은마아파트(1979년 준공, 4,424세대)를 포함한 대치동 일대다. 봉은사 방향으로는 삼성동 풍림1차아파트(1998년 준공, 252세대), 풍림2차아파트(1998년 준공, 112세대), 래미안삼성1차(2006년 준공, 133세대) 등의 수혜가 예상된다. 범위를 넓히면 송파구 잠실동 우성1·2·3차 아파트(1981년 준공, 1,842세대)와 아시아선수촌아파트(1986년 준공, 1,356세대)도 수혜 단지다.

수혜 지역4: 수서역

수서역은 SRT의 시발역으로, SRT의 효용이 드러나면서 그 일대 전역이 교통 호재로 인해 이미 시세가 한 번 상승한 지역이다. 특히 수서한아름아파트(1993년 준공, 498세대)와 수서삼익아파트(1992년 준공, 645세대), 수서신동아아파트(1992년 준공, 1,162세대)가 수혜 단지였다.

수서역 일대

© 네이버

또 올림픽훼밀리타운(1988년 준공, 4,494세대) 역시 가락시장역과 더블역세권이 형성되고, 문정도시개발지구와 함께 위례신도시, 가든파이브 등 주변에 개발이 잇따르면서 지속적으로 가격이 상승했다. 다만 수서역 일대는 서쪽으로 대모산에 가로막혀 동남 방향으로만 개발이 가능한 지역이라는 점이 아쉬운 부분이다.

3

GTX A노선 수혜 지역 : 경기 남부

GTX A노선은 경기 남부 지역에도 당연히 큰 영향을 미칠 수밖에 없다. A노선의 마지막 라인은 성남역, 용인역, 동탄역으로 이어진다.

수혜 지역1 : 성남역

먼저 성남역은 신분당선 판교역과 분당선 이매역의 사이의 SRT 노선을 따라서 건설될 전망이다. 따라서 성남역은 경기 북부 지역과 비교했을 때 상대적으로 그 효용이 낮을 것으로 예상된다. 물론 판교나 분당에서 서울역에 갈 일이 있다면 GTX를 사용하겠지만 이미 수서역이 존재하고 있으니 성남역은 거쳐 가는 역이라는 느낌을 준다. 또 판교역과 이매역을 연결하는 경강선과의 환승도 쉽지 않다. 물론 충분히 걸어갈 수 있는 거리이지만 빠른 환승은 어려워 보인다.

GTX의 수혜 단지는 확실히 판교의 보평초등학교 학군으로 유명한 봇들마을9단지(2009년 준공, 850세대), 봇들마을4단지(2009년 준공, 748세대), 봇들마을7단지(2009년 준공, 585세대), 분당 아름4단지두산삼호아파트(1992년 준공, 1,132세대), 아름2단지한성아파트(1992년 준공, 240세대), 아름1단지건영아파트(1992년 준공, 706세대), 탑대우아파트(1992년 준공, 654세대) 등이다.

분당에 대한 투자를 고려하고 있다면 분당의 세 개 핵심 지역을 이해해야 한다. 첫 번째, 정자역으로 대표되는 신분당선과 분당선의 더블역세권 지역의 아파트들이다. 신분당선은 강남역, 분당선은 대치역과 선릉으로의 접근성이 좋아 출퇴근이 상당히 편리한 지역이다. 그래서 정자역 일대의 느티마을과 상록마을에는 항상 투자자들이 들끓는다.

두 번째, 이매역과 야탑역 일대의 판교 배후 주거지다. 판교 봇들마을 인근은 2009년에 준공된 신축 아파트이지만 임대 후 민간분양으로 전환했으므로 2010년대에 준공된 다른 신축 아파트만큼 인테리어 상태가 좋지는 않다는 평이다. 따라서 2020년대 분당의 재건축이 이뤄지기 시작하면 이매역, 야탑역 일대 마을이 판교의 배후 주거지로 주목받을 수 있다.

세 번째, 분당에서 오랜 기간 주거 환경이 가장 좋았던 서현역과 수내역 일대의 중앙공원에 인접한 단지다. 이 지역은 대형 평형 중심으로 대거 공급됐던 만큼, 당시에도 주거 수준이 높았다. 지금도 주택 구매력이 가장 높은 집단이 거주하는 지역이기도 하다. 특히 중앙공원에 인접한 단지들은 이 일대에서 압도적인 중등 학군을 자랑하고 있어서 학군을 고려한 이주 수요가 지속적으로 있는 곳이다. 서현동과 수내동 역시 2020년대에 해당 아파트들의 재건축 연한이 도래하면 1+1 재건축으로 전환하거나 현재와 같이 대형 평형을 선택할 수 있는 다양한 옵션이 주어지는 만큼, 재건축 이후의 모습도 기대할 수 있는 지역이다.

분당의 주요 세 지역이 각각의 색깔을 갖고 있는 만큼 투자할 때는 이러한 부분을 고려하는 것이 좋을 것이다.

성남역 일대

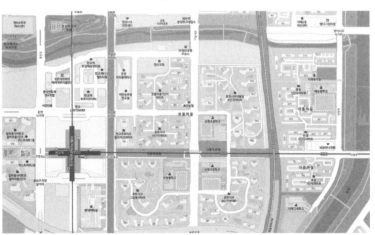

© 네이버

수혜 지역2: 구성역

경기 용인시 기흥구 구성역 일대는 다른 A노선 지역과 달리 비교적 한산해 보인다. 용인에서 중요한 역은 용인 경전철과 환승할 수 있으면서 기흥 역세권 도시개발구역이 있는 기흥역이다. 그러나 SRT를 따라 구성된 GTX는 자연스럽게 구성역에 환승역을 세울 수밖에 없기 때문에 이 일대가 역세권이 된다.

구성역 주변에는 대단지인 구성삼성래미안1차(2002년 준공, 1,282세대), 연원마을 삼호벽산아파트(2000년 준공, 1,576세대)가 있다. 그 외에도 LG연원자이아파트(1999년 준공, 396세대), 성원아파트(2000년 준공, 691세대)가 위치해 있다.

분당선 용인 지역은 신분당선의 등장으로 광교 일대가 2016년부

구성역 일대

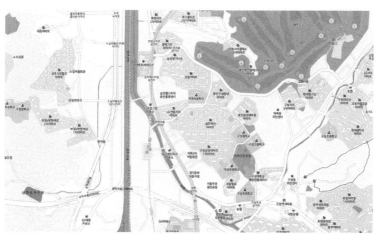

© 네이버

터 시세가 상승하는 것을 가만히 넋 놓고 바라만 봐야 했던 지역이다. 그러나 GTX의 등장과 함께 구성역과 죽전 일대까지 경부축을 따라 건설된 단지들은 상당한 서울 접근성을 확보할 수 있게 됐다.

보정동에는 초대형 단지인 동아솔레시티(2003년 준공, 1,701세대)가 있는데 이곳도 서울 접근성이 현격히 개선될 전망이다. 동아솔레시티는 골프장 뷰가 시세에 반영된 아파트다. 혹시 '골프장 전망이 왜?'라는 의문을 가질지도 모르겠다. 감히 단언하는데 그 모든 조망 중 낮 시간 최고의 조망은 골프장 조망이 아닐까 싶다. 정돈된 파란 공간을 바라본다는 것은 우리나라 어디에서나 보이는 산을 바라보는 조망과는 차원이 다른 경관이다.

수혜 지역3: 동탄역

GTX A노선의 마지막 역은 동탄역이다. 아마도 GTX A노선 중 최대 수혜 지역을 꼽으라면 총 10개 역 중 4개 역 주변이 될 것인데, 첫 번째가 파주 운정, 두 번째가 일산 킨텍스, 세 번째가 용인 구성 그리고 네 번째가 바로 동탄이다. 특히 동탄의 면적을 볼 때, GTX가 동탄에 들어온다는 것은 동탄의 미래를 결정하는 중요한 한 획이 아닐까 싶다.

GTX 동탄역이 준공되면 동탄역시범더샵센트럴시티(2015년 준공, 874세대)와 골프장 조망이 가능한 동탄역 동탄역시범한화꿈에그린프레스티지(2015년 준공, 1,817세대), 시범계룡리슈빌(2015년 준공, 656세대), 시범우남퍼스트빌(2015년 준공, 1,442세대), 시범호반베르디움(2015년 준공, 1,002세대), 반도유보라아이비파크1차(2016년 준공, 904세대) 등 청계중앙공원 일대 단지들의 서울 접근성이 개선된다. 동탄역반도유보라아이비파크6.0(2017년 준공, 532세대)과 동탄역반도유보라아이비파크8.0(오피스텔, 2018년 준공, 671세대) 역시 역과의 접근성이 가장 좋다.

사실 동탄은 넓다. 넓어도 너무 넓다는 생각이 든다. 동탄1과 동탄2의 면적은 30km²가 넘는데, 이는 위례신도시나 미사신도시의 5배나 되는 규모로 도시 한복판에 골프장(리베라CC)이 있을 정도다. 경부고속도로 축을 따라서 오산까지 광범위하게 형성된 신도시이기 때문에 경기 서북부에 고양시가 있다면, 경기 남동부에는 화성시가 있다고 해도 과언은 아니다. 이 지역을 광범위하게 엮는 광역 교통망이

동탄역 일대

© 네이버

GTX인 만큼, GTX는 동탄을 위해서도 반드시 필요한 노선이 아닐까 싶다.

상가 투자는 어떨까?

GTX 노선에 따라 역사가 준공되면 상권 형성이 될 거라는 기대로 덥석 상가에 투자하는 것에는 신중해야 한다. 오히려 각 지역의 근린 상권은 서울 중심지의 상권에 오히려 고객을 빼앗길 가능성도 높다. 서울로의 접근성이 너무나 좋아지기 때문인데, 삼성역까지 가는 데 시간이 얼마 걸리지 않는다면 동네 상권을 이용하기보다 서울 중심지로 나가려는 사람이 많아지는 것은 당연한 일 아닐까?

아직 우리나라는 GTX와 같은 초고속 근거리 출퇴근 노선도가 건설된 경험이 없다. 군이 비교하면 과거 자동차가 등장한 것과 비교할 수 있을 것이다. 따라서 이렇게 교통망이 급격히 변하는 시점에 상가 투자야말로 제대로 공부한 후에 해야 하지 않을까 싶다.

북한과의 관계가 좋아질수록 파주, 고양, 김포, 인천의 집값이 오르는 이유는?

남북정상회담 이후, 경기 서북부 지역에 대한 관심이 높아졌다. 특히 입주를 앞둔 파주운정신도시 단지(파주 힐스테이트운정, 운정신도시 센트럴푸르지오)의 경우 연초에 3천만~5천만 원 정도 하던 프리미엄이 순식간에 8천만~1억 원 수준으로 올라가고 있다(85m² 기준). 앞으로 파주운정3신도시가 건설되면 운정신도시가 완성되기 때문에 경기 서북부 지역에 대한 관심도 지속해서 높아질 것이다.

파주나 고양시, 김포시, 인천시 등은 북한과의 관계 개선과 연결하여 주목받는 도시다. 왜 그럴까?

우리나라는 6.25 전쟁 이후, 자연스럽게 경인축(서울과 인천)을 중심으로 도시개발을 해왔다. 경기도 서부에는 대규모 퇴적평야가 넓게 배치돼 있고, 경기도 동부는 해발 고도 1천 미터의 산악 지형 중심이어서 자연스럽게도 서부권역이 도시개발에 유리했다.

그러다 1968년의 김신조 사건과 경부고속도로의 완성, 제조업 중심 도시로의 성장을 경험하면서 일본, 미국과의 관계 등을 고려하여 도시개발의 방향이 달라진다. 경인축이 아닌 경부(서울과 부산)축이 한국을 관통하는 성장의 축으로 자리 잡게 된 것이다.

박정희 역시 강남권 대개발을 통해서 서울 강북 지역에 거주하는 인구를 강남으로 옮기려는 부동산 개발 정책을 폈고, 사망 전에는 현재의 세종시 지역에 인구 약 100만 명이 거주하는 행정도시를 만들려고 했다.

이러한 도시개발 방향에 북한이라는 존재도 큰 영향을 미쳐왔다. 1970년대 제조업 중심 도시도 창원, 포항, 울산 등 경남북 권역에 대거 자리 잡게 했다. 과천시도 북한의 고사포 사격권 거리에서 자유롭기 위해서 관악산 중턱에 제2청사를 건설하고 배후 아파트 지역을 건설하는 형태로 개발됐다. 북한의 군사적 공격에 대응하기 위한 것이다. 여의도의 비행장 역시 군사적 목적에 의해 만들어진 것이다.

1기 신도시와 2기 신도시를 건설할 때도 당연히 북한이, 경인축보다 경부축 중심 개발의 원인이 되지 않았을까? 굳이 산맥이 많아 터널이 많을 수밖에 없는 경기도 동-남쪽 방향으로 성장하게 된 이유도 그 때문이지 않을까 하는 합리적 의심을 하게 된다.

그런데 북한이 위협적 존재가 아니라 협력적 존재로 거듭난다면 어떨까? 미래가 좀 달라지지 않을까? 장기적으로 우리나라의 지형적

특성(동고서저)을 고려하여 경인축 중심으로 도시개발이 확대될 가능성이 높다. 특히 서울-김포-부천-인천으로 연결되는 경인축은 평야로 덮여 있고, 그 위쪽에 있는 고양, 파주 등의 지역도 모두 평야다. 미개발 지역도 많다. 이들 지역에는 개발 가능한 도시 면적은 서울 동남부 권역에 비교할 수 없을 정도로 넓어서, 남북경제협력도시, 남한 관광특구도시, 남한 수도권 세력권 확장에 따른 신도시 건설 사업 등으로 확대될 수 있다는 기대감을 준다.

서울시는 그대로 우리나라의 심장으로 작용하면서, 경인축 부상이 기대되는 시대가 열릴 수 있는 것이다.

9장

대형 평형
아파트에
투자하라

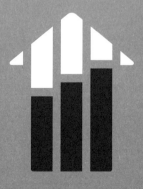

우리나라의 집은
아직 좁다?

많은 사람이 '한국의 집이 일본의 집보다 넓다'고 생각한다. 그러나 이는 틀린 사실이다. 우리나라는 주택당 평균 면적과 1인당 주거 면적이 가장 좁은 나라 중 하나다(OECD 기준). 어쩌면 사람들은 2010년 이전에 대형 평형(일반적으로 전용면적 85㎡ 초과 평형)의 공급 과잉과 일본 도쿄도의 협소주택 등을 보면서 일본의 집이 우리나라보다 작을 거라고 생각할지 모르겠다.

미국은 어떨까? 미국은 1인당 주거 면적이 우리나라의 거의 두 배수준이다. 흔히 미국에서 집을 구한다고 할 때는 대도시에 인접한 넓은 주택과 차 두 대 정도는 충분히 세울 수 있는 주차장, 마당, 정원 등을 포함하여 구한다. 우리나라의 아파트와 같은 공동주택의 비중은 낮다. 그러다 보니 미국의 주택 면적은 당연히 우리나라보다 넓다.

사실 일본이나 미국처럼 '단독주택'이 부동산 시장의 중심을 이루면 주택 면적이나 1인당 주거 면적은 모두 넓어질 수밖에 없다. 한국은 태생적으로 좁을 수밖에 없는 아파트와 같은 공동주택 중심의 시장이다.

한국의 주택보급률은 102%로, 이제야 겨우 100%를 넘은 상황인데 질적인 측면(연식, 면적, 실내구성, 입지환경 등)에서 보자면 아직 선진국 수준에 현저히 못 미친다. 주요 국가의 연도별 1인당 주거 면적의 변화를 보면 다음과 같다.

주요 국가의 1인당 주거 면적   (단위: m²)

	2008년	2009년	2010년	2011년	2012년	2013년	2014년	2015년	2016년
한국	27.8	-	28.5	-	31.7	-	33.5	-	33.2
영국	39.3	39.8	40.1	40.1	40.2	41.3	40.9	-	40.9
일본	37.3	-	-	-	-	39.4	-	-	39.4
미국	-	69.7	-	65	-	65	-	65	65

(출처: 국토교통부)

다만 위로가 되는 점은, 다른 나라의 1인당 주거 면적이 정체하고 있는 반면 우리나라의 1인당 주거 면적은 꾸준히 또 빠르게 증가하고 있다는 점이다. 불과 10년 전인 2008년에는 1인당 주거 면적이 27.8m²였지만, 2016년 말에는 33.2m²로, 8년 만에 약 5.4m² 정도 증가했다. 이 속도라면 2020년 즈음에는 40m² 정도로 증가할 것으로 기대된다.

그렇게 된다면 2인 가구의 평균 주거 면적은 80m² 수준이 될 텐데, 이 면적이 바로 현재 공급되고 있는 25~26평형대의 아파트 규모(전용면적 59m²)다. 그런데 안타깝게도 공동주택인 아파트의 경우 1인 가구의 주거 면적인 40m² 규모로는 거의 지어지지 않는다. 이 시장은 오피스텔과 도심형생활주택 등이 선점하고 있다. 그래서 개인적으로는 앞으로도 아파트가 최소 면적 25평형으로 지어진다면, 전용면적 30~40m²의 오피스텔에 투자하는 것도 가능성이 있다고 본다.

1인당 주거 면적이 증가하는 이유

1인당 주거 면적이 증가하는 이유는 '생활이 달라지고 있어서'다. 우리는 집에서 이전에는 하지 않던 실내운동(일명 홈트레이닝)을 하거나 장년의 경우 골프를 치거나 게임기나 드론 등을 설치해서 놀기도 한다. 책장은 해가 갈수록 좁아지니 하나 더 들인다거나, 빨래건조기나 공기청정기, 스타일러와 같은 가전제품을 들이기도 한다. 이 제품들은 미세먼지 문제와 함께 2016년부터 국내 시장에서 폭발적 매출을 보인 제품들인데 (보일러의 위치 때문에) 세탁기와 건조기가 2단으로 설치되지 않는 아파트들이 대부분이니, 가전제품 구입으로 인해서도 집은 점점 좁아진다.

이러한 다양한 이유 때문에 우리나라의 1인당 주거 면적은 실제로 증가하고 있고 앞으로도 증가할 것이다. 따라서 25평형대 아파트는 지금 보기에는 두 명이 살기에 적절해 보이겠지만 몇 년만 지나면 좁다고 느껴질 것이다. 최근 전용면적 72㎡ 아파트가 공급되는 이유도 여기에 있다.

이런 변화를 예상한 투자자라면 미리 30평형대로 시야를 넓히는 것이 장기적으로 좋은 결정일 수 있다. 마찬가지로 3인 가족이라면 지금은 34평형(공급면적 110㎡) 아파트가 적당하게 느껴지겠지만, 몇 년만 지나면 (최소 1인당 40㎡의 공간을 필요로 한다고 할 때 공급면적 120㎡이 평균이 되므로) 30평형대도 좁게 느껴질 것이다. 지금까지는 '역세권 소형 아파트'만 찾았겠지만 앞으로는 의외로 지금보다 조금 더 큰 평형의 주택이 필요해질 것을 예상해야 한다.

그런데 이런 질문을 하는 사람들도 있다.

"앞으로는 1~2인 가구 중심이 될 텐데 그럼에도 불구하고 30평형대 이상의 집이 필요하다고 보시는 건가요?"

사실 이미 최신 아파트들의 평면은 달라지고 있다. 과거 40평형대 이상 아파트의 특징이 방이 많다는 것이었다면 최근에는 40평형대 아파트도 방을 3개만 만들고 있다. 즉, 과거의 대형 평형은 방의 수가 많아서 대형이었지만, 지금의 대형이란 방의 수가 아닌 방의 크기가 커지면서 더 많은 기능을 갖는다는 의미다.

좀 극단적인 예로 롯데월드타워의 시그니엘 레지던스(공급면적 100평형, 전용면적 65평형)를 살펴보자. 이곳의 방의 개수는 2~3개다. 아마 과거의 60평형이라면 방이 5개는 나왔겠지만 여기는 각 방마다의 드레스룸과 화장실, 거실 등을 배치하여 방이 하나의 집처럼 다양한 기능을 갖는다.

방이 넓어지고 기능이 강화되는 것은 최신 아파트의 트렌드이기도 하다. 서대문구 가재울뉴타운의 래미안DMC루센티아(2020년 준공, 997세대)를 살펴볼까. 이 아파트는 30평형대가 전체 공급의 99%이고, 나머지 1%에 해당하는 6가구는 중대형 평형이다(전용면적 114m²). 그런데 전용면적 114m²의 유상 옵션 중 하나가 바로 방 4개를 유지하는 게 아니라 인접한 방 2개를 합쳐서 1개의 큰 방으로 만드는 것이었다. 모델하우스 역시 방이 합쳐진 형태로 전시됐는데, '큰 방'이 갖는 다양한 기능을 강조한 것이다. 아마도 래미안DMC루센티아의 모델하우스를 실제 방문해보았다면 40평형에 청약을 넣는 데 주저함이 없었으리라 생각한다. 왜냐하면 조금만 생각해봐도 단지 전체의 99%가 30평형대 가구라면 곧 40평형대 집으로 넓힐 가구가 생기리란 것쯤은 짐작할 수 있을 테니 말이다. 바야흐로 대형 아파트를 사는 데 주저하지 말아야 할 시기가 오고 있다.

2

기업에 월세를
받는 방법

트럼프가 미국 대통령이 되고 나서 한때 '트럼프월드'라는 주상복합 아파트가 주목받은 적 있다. 대우건설은 1997년에 트럼프와 공동으로 UN본부 인근에 트럼프월드타워를 건설했고 성공적으로 마무리한다. 이 인연으로 대우건설은 초고층 주상복합 아파트에 현 미국 대통령인 트럼프의 이름을 달고 여의도에 '대우트럼프월드1차'를 건설하게 됐다. 그러다 2016년 말에 트럼프가 대통령이 되자 트럼프월드의 트럼프가 대통령의 이름과 같다고 잠시 화제가 된 것이다.

여의도 대우트럼프월드1차는 60평, 70평, 80평 등 대형 평형 위주의 단지로, 여의도 샛강을 산책로로 이용할 수 있고 9호선 샛강역 인근의 역세권이다. 주상복합으로 소음에 강한 것은 기본이다.

그런데 대우트럼프월드1차에는 아주 독특한 주거 형태가 있다. 그

것은 바로 코오롱글로벌이라는 건설회사의 자회사인 리베토주식회사가 운영하는 '셰어하우스(Share house, 거실 등을 공용으로 사용하고 방은 각자 혹은 공용으로 사용하여 여러 가구원이 공동으로 사는 곳)'다. 이 셰어하우스는 사업 방식이 독특한데, 기업이 소유주에게 10년간 임대차 계약을 한 후 집 내부를 전부 수리하여 최대 8명이 거주할 수 있도록 만들었다.

남산2호터널과 3호터널의 시작점에 위치한 이태원 남산대림아파트(1994년 준공, 총 400세대, 전용면적 173m²)에도 하우스비전이 운영하는 셰어하우스가 있다. 남산대림아파트는 대형 평형 중심으로 구성된 단지로, 총 5층으로 건설됐다. 5층 이하의 저층 아파트이기 때문에 엘리베이터가 설치되지는 않았지만, 녹사평로를 따라 내려가면 6호선 녹사평역과 서울에서 가장 상권이 세련된 지역 중 하나인 이태원에 가까워서 거주자의 만족도가 높은 곳 중 하나다. 우리나라 아파트의 1번지라고 할 수 있는 압구정 현대아파트에도 리베토주식회사의 셰어하우스가 있다. 한강뷰가 가장 좋은 단지를 셰어하우스로 개조했다.

기업형 셰어하우스에 투자하라

하우스비전이 진행하는 셰어하우스 사업의 이름은 '커먼타운(Common Town)'이다. 커먼타운이란 기업이 본격적으로 추진하는 셰어하우스라는 점에서 그간 개인이나 소규모 기업이 추진해오던 사업과 다르다. 커먼타운은 대형 아파트 소유주에게 집을 7~10년 장기임대로 빌려, 내부를 전부 수리하여 새로운 평면을 만든 후 6~8명이 생활할 수 있는 공간을 만들어서 방(침대)당 임차료를 받는다.

2017년 기준으로 압구정 현대아파트와 신현대아파트, 남산대림아파트, 여의도 트럼프월드, 청담동 대형 빌라 등 총 12개 주택에서 80베드(Bed)를 제공하고 있다. 셰어하우스마다 독특한 이름도 있는데, 트럼프월드 내 커먼타운의 이름은 '쇼콜라디아망', 압구정 현대아파트의 커먼타운은 '밀푀유'다. 이처럼 집에 이름을 부여하여 감각적인 2030세대의 니즈를 충족하고 있다.

커먼타운은 2017년 초부터 1년의 시범 사업 기간을 성공적으로 마치고, 2018년부터 2017년 규모 대비 약 10배 이상으로 사업 규모를 확대할 예정으로 2018년 초에 150억 원 이상의 증자를 단행했다. 이제 총 120채의 주택과 1,000여 개의 베드로 확대될 예정이다.

커먼타운의 경쟁력은 여러 부분에서 나타난다. 먼저 건설회사의 자회사가 사업을 진행한다는 점에서 개인 소유주의 주택과 관리 상태가 완전히 다르다. 일반적으로 주택 소유주가 건축 전문가가 아닌 이상 하자보수 등의 수선·수리 요청이 있을 때 적절히 처리되지 않는 경우가 많다. 그러나 커먼타운의 경우 하자보수가 손쉽게 처리된다.

커먼타운의 임대료는 최저 59만 원부터 최고 119만 원까지 책정돼 있는데, 사용료에는 관리비가 포함돼 있을 뿐 아니라 보증금 1억 원마다 월세 50만 원을 공제하므로 압구정 현대아파트의 경우 보증금 1억 원에 월 9만 원으로도 거주할 수 있다. 일정한 보증금이 있다면 낮은 가격으로 특급 지역 역세권에서 살 수 있다.

가장 경쟁력 높은 지점은 평면과 인테리어인데, 사용자의 라이프 스타일에 맞추어 총 24가지 이상의 형태로 개조할 수 있도록 평면을 미리 디자인해놓았다.

그 외에 커먼타운이 관리 중인 주택 안에서 얼마든지 이주할 수 있다. 예를 들어 여의도 트럼프월드에서 6개월 거주하다가 이태원 남산대림아파트로 이주할 수 있다는 의미다. 실제로 커먼타운 임차인의 입주 만족도는 높은 편이다. 이는 재계약으로 증명되는데, 총 80여 명중 78명 이상이 재계약했으며 지속적으로 거주할 의사를 밝혔다.

국내 셰어하우스 사업이 태동기에 있는 것은 사실이나, 그동안은 개인이 월세 수익을 기대하며 진행해온 것이 대부분이었다. 우리나라 임대시장의 문제는 기업과 같이 전문화된 집단이 임대사업에 적극적으로 진출한 적이 없었다는 점에서 시작된다.

총 임대시장(약 860만 호)에서 민간임대가 86%로 거의 대부분을 차지하는 가운데, 민간임대의 99%가 개인인 나라는 우리나라가 전 세계에서 유일하다. 그래서 기업이 임대주택의 공급자가 되어 민간임대시장과 경쟁하게 되면 임차료를 안정시키는 길로도 연결될 수 있을 것이다. 특히 문재인 정부에서는 청년 주거 문제를 해결하기 위해 2017년 말에 '주거복지 로드맵'을 통해 총 30만 실의 공간을 제공할 목표를 세웠는데('호'가 아니라 '실'임을 주목하자), 커먼타운과 같은 비즈니스를 통하면 이러한 목적을 달성하는 데 도움을 받을 수 있을 것이다. 그리고 공공 부문 역시 민간 주택 소유주에게서 장기 임대차로 주택을 빌려 청년들에게 셰어하우스 공간을 제공할 가능성도 높다고 본다.

앞에서도 살펴보았지만 2017년 8.2 부동산 대책 이후 세금 측면에서 대형 아파트를 여러 채 보유하는 것에 대한 부담이 늘었다. 이런 상황에서 대형 아파트를 여러 채 보유한 다주택자라면 민간의 셰어하우스나 장래 공공이 시작할 가능성이 높은 셰어하우스에 보유 주택을 활용해보는 것도 좋은 대안이 될 것이다.

커먼타운의 경우 임대차 계약 시 제공하는 전월세 전환율이 5~6% 수준으로 시세보다 높다. 소유주 입장에서 커먼타운 등과 같은 기업과 임대차를 맺을 때 임차료 수익이 더 크다는 의미다. 커먼타운의 카피가 그래서 더 와닿는데 여기 옮겨본다.

"커먼타운(Common town)으로 커먼(Come on)!"

1+1 재건축이란?

3

2010년대 후반, 아파트 가격은 신축 아파트 가격 강세와 구축 아파트 가격 약세로 대표된다. 특히 2010년대 이후 지어진 20평형대 아파트는 2000년대 초반에 지어진 30평형대 아파트와 가격이 비슷하다. 마찬가지로 2010년대 말에 지어진 30평형대 아파트는 2000년대 초반에 지어진 40평형대 아파트와 가격이 비슷하다. 50평형대 이상으로 가면 평당 가격이 급격하게 낮아진다. 일부 지역에서는 2000년대에 지어진 50~60평형대 아파트의 가격과 30평형대 신축 아파트의 가격이 동일하다. 이처럼 대형 아파트의 평당 가격이 20평형대 아파트보다 낮은 이유는 무엇일까.

우리는 기본적으로 모든 공간의 가치를 한계효용적으로 체감한다. 한계효용이란, 재화나 소비가 증가함에 따라 그 가치와 효용이 줄어드는 것을 말한다. 예를 들어 갈증이 나서 물을 마실 때 처음 한 컵은 꿀맛처럼 느껴질 정도로 그 가치가 크지만 두 컵, 세 컵을 마시면서 갈증이 해소됨에 따라 그 가치는 점차 줄어든다. 물의 소비가 늘어날수록 그 가치는 줄어드는 것이다.

이를 집에 대입하면, 한 개의 방과 한 개의 화장실, 한 개의 부엌으로 구성된 가장 기본적인 주택의 공간 효용이 최대치다. 그런데 방이 두 개로 늘면 추가된 두 번째 방의 효용(가치)은 침실로 사용되는 첫 번째 방보다는 낮아진다. 침실은 반드시 있어야 하지만, 두 번째 방은 공부방이나 드레스룸으로 활용될 텐데 이는 침실만큼 반드시 있어야 하는 것이 아니기 때문이다. 이런 방식으로 방의 개수가 세 개, 네 개, 다섯 개, 여섯 개로 늘어날수록 방의 효용은 체감적으로 낮아지고, 이런 이유 때문에 방이 많은 50~60평형대 대형 아파트의 평당 가격 역시 낮아진다. 반면 현재 20평형대 아파트의 평면 구성이 가장 효용이 높기 때문에 단위 면적당 가격도 가장 높게 형성된다.

그러면 대형 아파트 공간의 가치를 높이는 방법은 무엇일까? 앞에서 소개한 커먼타운이 가치를 높이는 좋은 대안이 된다. 셰어하우스는 모든 방이 침실이 된다. 따라서 공간을 최고 효용으로 압축해서 사용하는 형태다. 두 번째 방법으로는 지금은 대형 아파트이지만 앞으로 재건축 등을 통해서 20~30평형대의 공간 효용이 높은 아파트로 두 채를 받는 방법도 있을 것이다. 그럴 수 있다면 재건축에 대한 기대 수익이 다른 투자 대비 높아질 수 있다.

서울권 투자 지역

재건축 후보 예정이면서 50평형이 넘는 대형 아파트가 밀집한 지역은 양천구 목동 신시가지다. 목동은 전통적인 부촌인 만큼, 대형 아파트가 대거 공급된 지역 중 하나다. 목동 1~6단지는 '앞 목동', 8~14단지는 '뒤 목동'이라고 불리곤 하는데, 그중 7단지는 목동에서 교통이 가장 편리한 지역으로 손꼽히고, 1단지는 9호선과 인접해서 목동 한신청구아파트(1997년 준공, 1,512세대)와 함께 교통이 편리한 지역으로 손꼽힌다.

여의도 역시 50평형대 대형 아파트가 공급된 지역이다. 먼저 9호선과 5호선을 이용할 수 있어 여의도에서 교통이 가장 편리한 여의도미성아파트(1978년 준공, 577세대)가 대형 평형을 보유하고 있고, 한양아파트(1975년 준공, 588세대)에도 대형 평형이 존재한다.

용산구 이촌동 일대도 1970년대에 개발됐고, 1990년대에 한 번 재건축하면서 대형 아파트가 대거 공급된 지역이다. 이촌동을 대표하는 이촌한강맨션(1971년 준공, 660세대)과 리모델링을 추진하고 있는 이촌 현대아파트(1974년 준공, 653세대)에도 대형 평형이 존재한다. 또 서빙고역 인접한 신동아아파트(1983년 준공, 1,326세대)는 독보적인 입지를 자랑하며 대형 평형을 보유하고 있다.

서울 성동구의 옥수극동아파트(1986년 준공, 900세대)는 래미안옥수리버젠 바로 옆, 고지대에 위치하지만 동 배치가 좋아서 미래 가치가 기대되는 곳이다. 그리고 바로 아래에 한남하이츠(1982년 준공, 535세대)가 있는데 이름부터 한남동스러운 이 아파트는 한강변 조망이 가능한 부촌 아파트다.

서초구는 반포동과 잠원동 일대에 50평형대 재건축 대상 아파트가 즐비하고, 이 아파트들이 2010년대 재건축 시장을 주도했다. 이중 고속터미널역 바로 앞의 한신4차아파트(1979년 준공, 1,212세대)는 대단지이면서 고속터미널과 뉴코아아울렛을 모두 이용하기에 최적화되어 입지적 강점이 높다.

강남구 압구정동의 현대아파트와 한양아파트, 신현대아파트(1982년 준공, 1,924세대)나 미성아파트 등도 대형 평형을 대거 보유하고 있는 단지들이다. 강남구 대치동의 개포우성아파트, 선경아파트, 미도아파트 등 이 지역의 '우선미' 아파트 역시 대형 아파트촌이다. 타워팰리스 맞은편의 개포경남아파트(1984년 준공, 678세대) 역시 대형 평형으로 구성돼 있다.

송파구의 올림픽훼미리타운아파트는 대략 4,500세대의 대단지이면서 문정동 도시개발구역과 바로 인접했고 3호선과 8호선을 동시에 이용할 수 있는 입지적 강점을 지녔다. 잠실 신천동의 진주아파트(1980년 준공, 1,507세대)도 대형 평형 중심의 아파트다. 송파구에는 대형 평형 단지가 많은데 오금동의 오금현대아파트, 방이동의 올림픽선수기자촌아파트, 송파동의 가락삼익맨숀(1984년 준공, 936세대)과 송파한양아파트, 가락동의 가락극동아파트(1984년 준공, 555세대)와 가락프라자아파트(1985년 준공, 672세대)가 이에 해당한다.

광장동의 광장극동아파트(1985년 준공, 1,344세대)는 5호선 광나루역과 초인접하면서 한강 조망이 되는 단지다. 이 지역의 학군까지 고려한다면 재건축 이후 가장 기대되는 단지다.

마포구 도화동의 우성아파트(1986년 준공, 1,222세대)나 도화현대1차아파트는 대단지이면서 50평형대 이상의 대형 평형이 배치돼 있다.

중랑구 신내동의 신내7단지진로아파트(1995년 준공, 818세대)와 도봉구 방학동의 신동아아파트도 대형 평형을 보유했는데, 신동아아파트가 IMF 이전에는 고급 아파트를 공급한 브랜드였다는 것을 알 수 있다.

경기도권 투자 지역

경기도 안산시 단원구 선부동에 위치한 수정한양아파트(1992년 준공, 1,870세대)와 공작한양아파트(1992년 준공, 2,040세대) 등도 다이아몬드 광장 일대의 단지 중 대형 아파트다.

안양시 평촌은 꿈마을이 대표적인 부촌 단지다. 평촌동 꿈한신아파트(1993년 준공, 566세대), 라이프아파트(1992년 준공, 548세대), 건영3차아파트(1994년 준공, 386세대)가 이에 해당된다. 또 범계역 일대의 목련마을의 경우 1단지, 8단지, 9단지에 대형 평형이 배치돼 있고 입지도 가장 좋은 편인데, 목련8단지아파트(1992년 준공, 516세대), 목련9단지아파트(1994년 준공, 578세대) 등이 해당된다.

성남시 분당은 1기 신도시 중에서 가장 많은 50평형대 아파트가 공급된 지역인데, 신분당선 미금역과 함께 더블역세권이 될 까치

신원아파트(1995년 준공, 882세대), 정자동의 정든마을 한진8차아파트(1995년 준공, 512세대), 신화5단지아파트(1995년 준공, 564세대), 정자동 일대의 대장 아파트로 손꼽히는 상록마을 우성아파트(1995년 준공, 1,762세대), 한솔마을 LG2단지아파트(1995년 준공, 598세대)가 이에 해당한다.

분당 중앙공원에 인접한 마을들 중 가장 부촌은 파크타운으로 알려져 있고, 파크타운대림아파트(1993년 준공, 749세대), 파크타운서안아파트(1993년 준공, 798세대), 파크타운롯데아파트(1993년 준공, 842세대), 파크타운삼익아파트(1993년 준공, 639세대) 등이 이에 해당한다. 이외에도 푸른마을 신성아파트(1992년 준공, 630세대), 샛별마을 우방아파트(1994년 준공, 811세대), 서현동 효자촌삼환아파트(1992년 준공, 632세대), 서현동 대단지인 시범단지현대아파트(1991년 준공, 1,695세대)도 해당된다. 서현동 시범단지한양아파트(1991년 준공, 2,419세대)는 대단지로 분당 재건축이 시작된다면 가장 먼저 재건축이 될 후보지 중 하나다.

판교의 부상과 함께 분당의 외지였던 이매동 일대에 대한 관심도 커졌다. GTX나 경강선 등 교통 호재가 만발한 지역이라 이매동 일대 아파트는 세상 유례없는 호재를 맞이했다 해도 과언이 아니다. 이 중 아름마을 두산삼호아파트(1992년 준공, 1,132세대), 아름3단지태영아파트(1992년 준공, 414세대), 이매동 이매청구아파트(1992년 준공, 710세대)도 대형 평형 중심이다.

일산동구의 경우 마두동 강촌마을3단지훼미리아파트(1992년 준공, 590세대), 강촌마을8단지우방아파트(1993년 준공, 766세대), 강촌마을1단지동아아파트(1993년 준공, 720세대), 강촌마을2단지한신아파트(1993년 준공, 608세대) 등이 이에 해당한다.

일산서구의 경우 강선마을 1단지대우벽산아파트(1994년 준공, 520세대), 5단지건영동부아파트(1994년 준공, 528세대), 6단지금호한양아파트(1995년 준공, 556세대), 주엽동의 문촌마을 17단지신안아파트(1994년 준공, 504세대), 4단지삼익아파트(1994년 준공, 540세대) 등이 해당한다.

일산서구나 동구의 강선마을, 문촌마을, 강촌마을 등은 분당이나 평촌의 파크타운, 푸른마을, 꿈마을 등과 유사한 성격의 마을이라고 보면 된다. 일산서구의 후곡마을 현대3단지아파트(1994년 준공, 530세대), 10단지동아서안임광아파트(1995년 준공, 516세대)도 대형 평형 중심의 단지다.

앞의 '2018년 이후 재건축 투자 전략'에서 준공 21년차 이상의 재건축 대상 아파트를 추천한 바 있는데 이 그룹은 대형 아파트와 조합할 때 그 가치가 더 높아지는 듯하다.

20평대 아파트는 임대 주고, 30평대 이상 아파트에서는 실거주하라

모든 주택이 다 임대사업자 등록을 한다고 해서 혜택을 받는 것은 아니다. 임대주택으로 등록해도 면적을 기준으로 $85m^2$ 미만의 주택에 대해서만 장기보유특별공제가 적용되기 때문에 40평형대 이상의 대형 평형 주택은 임대주택으로 등록할 이유가 없다.

우리나라 부동산 투자자들이 아파트를 사는 데는 월세 등 임대 수익보다 매각에 의한 양도차익에 그 목적이 있다. 그런 의미에서 처분권의 권리는 투자의 핵심이다. 따라서 투자자이면서 2주택 이상을 고려한다면 추가로 40평형대 아파트는 절대 사면 안 되는 주택이 돼버렸다. 설령 10억 원의 매각 이익이 발생했다고 해도 장기주택보유특별공제 배제와 중과세율을 적용하면 세금만 6.5억 원을 내야 하므로 투자 수익률이 급격히 하락한다.

이 변화의 직격탄으로 맞은 곳이 바로 대형 아파트로 구성된 송도나 위례와 같은 신도시다. 이 지역의 아파트는 자가를 염두에 두지 않고서는 살 이유가 없어진 것이다. 그런데 조금 더 생각해보면 다른 결론을 얻을 수 있다.

주로 85m² 미만 주택으로 구성된 단지(현재 대부분의 분양 단지)에는 아마도 점차 임대주택이 많아질 것이다. 등록의 혜택이 크기 때문이다. 그렇게 한 채, 두 채 단지 내에 장기임대주택이 등록될수록 해당 단지는 극단적으로 말해 '장기임대주택' 전용 단지로 변해갈 수 있다. 이런 지역에서 자가로 사는 장점은 점차 사라지게 된다.

반대로 대형 평형으로 구성된 지역에서는 그 누구도 임대주택 등록을 하지 않을 것이기 때문에 이 제도가 장기적으로 고착되면 40평형대 이상 아파트의 자가율은 높아질 것이다. 따라서 해당 아파트 단지는 자가 중심 단지가 된다.

우리나라 주택 시장 예측

따라서 장기적으로 '자가 주택'을 꿈꾸는 사람들에 의해 대형 평형에 대한 수요는 점차 높아질 것으로 예상된다. 이 책에서 '대형 평형을 사라'고 말하는 것은 단순히 면적당 가격이 저평가 돼 있을 뿐 아니라 구조적으로 현재의 주택 정책이 장기화됐을 때 유효한 전략이기 때문이다.

10장

2010년에 준공된 아파트는 아직 저평가돼 있다

2010년에 대해
알아야 하는 이유

나는 와인을 좋아한다. 입문한 지 얼마 되지 않았기 때문에 포도의 품종이나 지역에 따라 다른 맛이 난다는 걸 이제 막 알아가는 초급 단계다. 개인적으로 피노 누아(Pinot Noir) 품종을 좋아하는데, 마실 때마다 가벼운 청량감을 느낄 수 있다. "신은 카베르네 소비뇽을 창조했고, 악마는 피노 누아를 만들었다"는 말이 있을 정도로 매력적인 품종이다. 《신의 물방울》이라는 만화로 대중에게 더 유명해진 '로마네 꽁띠'의 품종도 바로 이 피노 누아다. 와인에서 특정 연도를 거론할 때 흔히 '빈티지'라는 표현을 쓰는데, 1990년산이 유명하면 1990년산 빈티지라고 일컫는다.

아파트도 와인처럼 '빈티지'가 있다. 왜냐하면 특정 연식의 아파트를 사는 것이 다른 연식의 아파트를 사는 것보다 더 나은 투자가 될 수 있기 때문이다. 특히 우리나라는 1998년의 IMF 사태나 2008년 미국발 글로벌 금융위기 사태를 겪으면서 특정 연식의 아파트들이 종전 연식의 아파트와는 완전히 다른 환경에 놓이기 때문에 연식 또한 중요한 투자 요소 중 하나다.

이 관점에서 내가 최고로 치는 아파트는 2010년에 준공된 아파트다. 2010년 전후(여기서 2010년은 2009~2011년의 약 3년을 의미하니 넓은 의미로 받아들여주길 바란다)로 준공된 아파트는 남다른 이력을 지니고 있기 때문이다.

먼저 고양시 덕이지구의 하이파크시티를 살펴보자. 하이파크시티는 1~5단지로 조성됐는데, 1단지와 5단지는 아이파크(현대산업개발) 브랜드이고, 2~4단지는 신동아파밀리에 브랜드다. 1단지와 5단지는 2010년 12월 입주했고, 2~4단지는 2011년 3월에 입주했다.

2008년 초에 분양한 하이파크시티 5개 단지는 신동아건설과 동문건설이 분양했다. 당시 일산서구의 3.3m²당 단가가 1,000만 원 수준이었는데 이 아파트는 평당 1,400만~1,450만 원대에 분양한다. 47평 기준으로는 6.5억~6.7억 원 정도의 규모다.

그런데 2010년 6월, 신동아건설은 금감원이 발표한 퇴출업체에 포함되어 워크아웃(기업의 재무 구조 개선 작업)에 진입했고, 워크아웃과 함께 은행의 자금 지원이 끊기고 공사가 중단된다. 이후 가까스로 2011년 3월 말에 공사를 마치고 준공 승인을 받는다. 이 과정에서 6억 원대 가격에 분양받은 소유주들의 집단 소송 등이 잇따른다. 소송의

주 내용은 분양 가격을 할인해줘야 한다는 것과 부실공사에 대한 책임을 지라는 것이었다. 이렇듯 2010년 준공한 아파트에는 입주 지연, 대규모 소송, 시공사의 워크아웃, 채권 은행인 우리은행 등의 공매 등 어렵고 복잡한 잡음이 가득한 곳이 많다.

하이파크시티는 이후 우리은행에서 공개 매각을 통해 4억 원대에 아파트를 매각하기 시작하면서(매각은 KB신탁이 맡았다), 현재는 분양가에 비해 2억 원 이상 낮은 4억 원대 시세가 유지되고 있다. 지속적인 공개 매각으로 4억 원대 아파트가 계속해서 나오는데, 이 매각이 일단락되면 가격은 정상화될 것으로 예측한다.

그러는 사이 2008년 금융위기 이후 침체돼 있던 일산서구와 일산동구, 고양시 덕양구는 분위기가 완전히 달라지기 시작한다. 특히 2014년 9.1 부동산 대책을 통해 재건축 연한이 종전 40년에서 30년으로 단축되면서, 1990년대에 준공한 아파트를 중심으로 고양시 역시 주택 가격 상승기에 본격적으로 진입한다. 또 일산서구 킨텍스 지역에서는 일산 아파트 분양 가격 중 최고가라 할 만한 3.3m²당 1,600만 원대 아파트 분양도 성공한다.

2008년, 일산서구와 일산동구의 아파트 가격은 3.3m²당 1천만 원 내외에 당시에도 준공 20년을 넘긴 오래된 아파트였고, 덕이지구·식사지구의 아파트는 3.3m²당 1,500만 원 내외로 신축 대형 아파트였다.

지금은 어떨까. 일산서구와 일산동구의 아파트 가격은 3.3m²당 1,300만 원 내외로 상승했고 신축 아파트는 1,600만 원 이상으로 올랐다. 노후도는 더 심해져서 이제 준공 25년차가 넘었다. 반면 덕이 지구·식사지구의 아파트는 준공 7년차의 신축 아파트이면서 가격은 3.3m²당 1,000만 원 수준으로 더 낮아졌다. 내부 마감재나 단지 조경, 아파트 공사 수준은 최신식인데 말이다.

일산 덕이지구·식사지구가 맞닥뜨린 2010년의 상황은 우리나라 모든 지역에서 동일하게 일어난 상황이라는 점을 이해해야 한다. 그러면 2010년도에 준공된 아파트를 볼 때, 그 아파트가 준공 과정에서 상당한 어려움을 겪었고, 어쩌면 종전의 분양 가격을 전혀 회복하지 못하고 있다는 것도 알 수 있다. 특히 2010년에 준공한 대형 아파트라면 단언컨대 2008년도의 가격을 아직도 회복하지 못했을 것이다.

부동산 투자자라면 이처럼 가격이 왜곡된 아파트를 관심 있게 바라봐야 한다. 그러니 2010년 준공한 아파트에 대해서는 아주 '특별한' 관심을 갖고 지켜볼 필요가 있다.

가성비의 끝판왕 아파트가 몰려 있다

2

2010년 대한민국 광고 대상 캠페인 동상, 2011년에 소비자가 뽑은 광고상 최우수상을 받은 광고의 카피는 e-편한세상의 광고 카피였던 "진심이 짓는다"였다. 이 광고 시리즈에서는 톱스타가 출연하지 않고, 실제 아파트 거주민이나 주부들의 아이디어를 반영한 아파트를 보여주었는데 그때 소개된 아파트 중 하나가 고양시 덕양구 성사동의 원당e-편한세상(2009년 준공, 1,486세대)이었다.

원당e-편한세상은 지하주차장의 폭을 10cm 늘린 설계로 '숨어 있는 10cm'라는 광고를 한 대표 단지다. 바로 옆에는 성사동 래미안 휴레스트가 있는데, 이 두 아파트 모두 2009년 말에 준공한 '2010년 빈티지' 연도에 해당하는 아파트다. 따라서 이 아파트들의 지하주차장, 실내 마감 등은 가히 최고 수준이다.

2010년 빈티지 연도의 주요 대형 건설사의 브랜드 아파트라면 그 자체로 투자 매력이 높다. 먼저 용산구 신계동의 용산e-편한세상(2011년 준공, 867세대)을 살펴보자. 용산e-편한세상은 전용면적 81m²의 평면에도 가변형 벽체를 적용하여 3.5베이로 설계했다. 최근 전용면적 114m² 평면에서 방 두 개를 합치는 유상 옵션이 제공되는데, 이미 10년 전에 이런 평면을 적용했다는 이야기다.

실내 마감도 무광택 나무를 활용했고, 한옥의 이미지를 차용하여 고급스럽다. 건물의 외부 역시 필로티 안쪽 기둥까지 모두 화강석으로 시공했고 필로티 상부에도 문양을 넣었다.

현대건설의 '힐스테이트' 브랜드를 알고 있는 사람이 많을 것이다. 그런데 '힐스테이트' 브랜드는 어느 아파트에 처음 적용됐을까? 바로 2006년 서울 성동구 서울숲힐스테이트(2009년 준공, 445세대)에 처음 사용됐다. 서울숲힐스테이트는 2009년 6월 준공한 '2010년 빈티지 연식' 아파트에 해당한다. 최초의 '힐스테이트'답게 당시 현대건설은 새로운 평면 공간이나 마감을 대거 적용됐고, 대형 평형 위주로 공급했다. 특히 인상적이었던 점은 입주자 모집 공고에 배우 고소영을 등장했다는 점인데, 요즘처럼 표나 글자로만 가득 찬 입주자 모집 공고와 비교하면 지금 봐도 상당히 신선한 시도였다.

지방 건설사인 반도건설이 서울에 최초 진입하면서 지은 당산반도 유보라팰리스(2010년 준공, 299세대) 역시 2010년 빈티지 연식의 아파트다. 2010년 3월 준공한 이 아파트는 총 299세대의 소형 단지로, 전용면적 84~207m²까지 배치한 대형 평형 중심 아파트다. 당산동이 여의도와 가깝기 때문에 셀러브리티들의 청약을 기대하며 가구당 주차대수 2대, 실내외 마감을 최고급화하면서 당시 56평형대를 14억 원, 47평형대를 11.5억 원 수준에 분양했고, 이는 3.3m²당 2,400만 원 수준으로 당시로서는 입이 쩍 벌어지는 분양가였다(현재 반도건설은 더 이상 이런 고급 아파트를 공급하지 않는다).

2010년 빈티지 연식의 아파트는 당시 대단히 참신한 시도를 하면서 고급화를 추구했다. 그러나 이 아파트 중 다수가 2008년 글로벌 금융위기의 여파로 7~9년간 분양가를 회복하지 못하거나 분양가 수준에서 근근이 유지되는 단지가 많다.

그만큼 가격 측면에서 더욱 매력적이다. 왜냐하면 20~30평형대 아파트들이 2008년 금융위기 이전 가격을 회복한 것도 모자라 전고점까지 뚫었는데, 2010년식 아파트들은 주로 40평형대 이상의 대형 아파트 중심이다 보니 아직까지도 전고점을 뚫지 못한 곳이 많기 때문이다. 그래서 아마 2010년식 아파트를 분양 시점부터 보유했다면 2013년부터 시작된 부동산 시장의 활황을 피부로 못 느낀 이들이 많을 것이다. 그만큼 2010년대 아파트 가격의 상승은 더뎠다.

그러나 시장에 영원한 것은 없는 만큼 2010년식 빈티지 연도에 준공된 아파트들이 수준을 인정받기 시작하고 있고, 무엇보다 가격이 매력적이기 때문에 좀 더 면밀히 볼 필요가 있다. 그럼 대표적인 아파트로는 어떤 아파트들이 있을까?

3

우리나라를 대표하는
2010년식 아파트

얼마 전 방탄소년단(BTS)이 입주한 곳으로 더욱 화제가 된 아파트가 있다. '더욱'이라는 표현을 쓴 이유는 이 아파트는 이미 준공 시점부터 화제였기 때문이다. 그 아파트는 바로 한남동의 초고가 주택인 한남더힐(2011년 준공, 600세대)이다. 이 아파트의 준공 연도는 우리나라 주택 수준이 한 차례 성장한 2010년 전후인 2011년 1월이다.

이 아파트는 분양가상한제를 피하기 위해 아예 분양을 하지 않고, 최초에 임대 방식으로 공급했다가 이후에 분양 전환했다. 아마 앞으로도 서울 등 투기과열지역에 분양가상한제를 적용할 가능성이 높은데, 임대 후 분양 전환이라는 형식으로 분양가상한제를 회피할 아파트가 다수 생길 것으로 판단된다. 한남더힐이 이런 방식의 공급 패턴을 최초로 각인시킨 단지가 아닐까 싶다.

투자자라면 관심을 가져야 할 아파트

전국적으로 2010년에 준공한 아파트들에 관심을 가질 필요가 있다고 했다. 개인적으로 이들 아파트는 저평가돼 있다고 판단할 정도다.

2010년식 아파트를 대표하는 아파트는 동작구 본동의 래미안트윈파크(2011년 준공, 523세대)다. 주변에 편의시설은 부족하지만 교통과 환경, 조망 등 차별적 강점을 지녔다. 특히 교통 측면에서 상당한 강점을 갖는다. 입지만 보더라도 조망은 압도적이고, 양 옆으로 공원(사육신묘와 노들나루공원. 그래서 'Twin Park'다)이 있어 도심 내 한적함을 느낄 수 있다. 이는 혼잡한 서울에서 찾아보기 어려운 입지로, 래미안트윈파크 앞에 있는 유원강변아파트(2000년 준공, 306세대) 역시 구축 아파트임에도 한강 조망이 좋아서 선호되는 단지 중 하나다.

구로구 신도림동 디큐브시티(2011년 준공, 524세대)도 2010년대를 대표하는 단지이면서 주상복합이라는 점에 있어 더욱 특별하다. 1호선과 2호선의 더블역세권으로, 아파트에서 지하를 통해 현대백화점과 지하철역까지 갈 수 있다. 구로구를 대표하는 아파트다.

서울 동대문구 용두동의 래미안허브리츠(2010년 준공, 844세대)도 숨겨진 명품 단지로, 주거 측면에서 부족함이 없다. 1호선 제기동역과 2호선 용두역을 사이에 둔 블록에 공급된 단지로, 홈플러스, 동대문구청, 용두공원 등과 인접했다.

김포시 장기동 수정마을쌍용예가(2011년 준공, 1,474세대)도 대표적인 아파트다. 이 아파트는 김포한강신도시가 자랑하는 수변(水邊) 상업시설인 라베니체에 인접했다. 수변 상업시설은 우리나라에서 상당히 희소한 특징을 갖는 것이라 투자가 아닌 주거 답사 차원에서 최소한 번은 가봐야 할 아파트라고 생각한다. 조경과 상권 등 편의시설 측면, 환경 측면에 강점을 지닌 아파트이지만, 지하철역과는 거리가 멀다.

지금까지 소개한 아파트는 2010년을 전후로 준공된, 지역을 대표하는 고급 아파트다. 대부분 글로벌 금융위기 직전인 2007년 즈음에 분양했고, 대형 평형 중심의 아파트, 럭셔리한 마감재 활용이라는 강점을 지녔다. 비록 준공된 지 7~8년 정도의 시간이 흘렀지만 최신 단지들에 비해 구조, 마감, 편의시설 측면에서 결코 부족함이 없다고 말할 수 있다.

김포한강신도시의 수변 상업시설

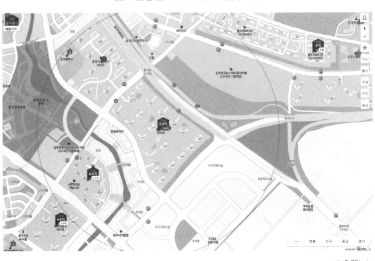

© 호갱노노

층간 소음이 심한 아파트 피하는 법

1970년대 준공된 아파트에서 신혼생활을 했을 때 가장 불편했던 점들은 바로 발코니 새시의 노후화에 따른 추위(외풍)와 주차 그리고 층간 소음 문제였다. 외풍은 따수미 텐트와 문풍지로 막고, 주차는 아침마다 고생하면 됐지만, 층간 소음은 내가 아닌 윗집의 문제이자 아파트의 구조적 문제였기 때문에 극복하기 어려웠다. 층간 소음 문제는 당사자가 아니면 알 수 없는, 큰 스트레스 요인이 되어 다양한 사회적 문제를 일으키기도 한다.

아파트의 구조는, 업무용 건물 구조 형태인 기둥-보 구조와 다르다. 아파트는 수직 하중을 벽이 받는 방식이라 바닥슬라브가 벽과 그대로 연결되는 형태이고, 기둥-보 타입은 수직 하중을 기둥이 받아 전달하는 형태다. 기둥과 보로 구성된 구조체를 라멘(Rahmen) 구조라고 한다.

그래서 벽식 구조인 구축 아파트는 본질적으로 층간 소음에 취약할 수밖에 없다. 그리고 기둥식 구조를 택하고 있는 주상복합이나 일부 특수 아파트는 상대적으로 층간 소음 문제에 있어서 강점을 갖는다.

최근의 아파트의 구조는 크게 세 가지로 나뉘는데, 먼저 현존하는 아파트는 대부분 벽식 구조를 갖는다. 수치로 따지만 90% 정도다. 두 번째는 기둥-보를 갖는 라멘 구조다. 슬라브-보-기둥으로 구조체가 구성되는데, 보의 존재로 인해서 높은 층고를 가질 수밖에 없어서 극소수의 아파트만 채택하는 구조다. 세 번째는 무량판 구조다. 라멘 방식의 일종이지만, 보가 없어서 낮은 층고에서도 가능하고, 라멘 방식의 장점을 가지고 있어 신축 아파트에 자주 사용된다.

2004년 4월까지 우리나라 아파트의 층간 소음에 관한 기준은 전무했다. 그래서 당연히 이 시기에 준공된 다수의 아파트들이 소음 기준을 충족하지 못한다. 이 시기에는 그저 '충분한 차단 성능을 갖출 것'이 기준이었던 시기다.

그러다 2004년 4월 22일, 층간 소음을 구성하는 두 가지 요소 중 하나인 경량 충격음(열쇠뭉치가 떨어지는 소리나 의자가 끌리는 소음으로, 충격이 아래층에 전달되지만 구조체를 흔들지는 않음)에 대한 법 기준이 최초로 도입된다. 이후 2005년 7월 1일, 처음으로 중량 충격음(아이들이 뛰거나 무거운 가구를 바닥에 놓을 때 구조체를 진동하는 소리)에 대한 설계 기준이 추가됐고, 2014년 5월 7일에는 층간 소음의 시험을 통과할 수 있는 조건이 더 강화됐다.

만약 거주하거나 투자 예정인 아파트가 2014년 5월 7일 이후 사업 시행인가를 받았다면 층간 소음에 있어서 가장 우수한 성능을 갖는 아파트일 가능성이 높다.

그리고 구조적으로 층간 소음에 유리한 아파트도 존재한다. 벽식 구조가 아닌 아파트가 특히 그렇다. 강동구의 고덕래미안힐스테이트(2017년 준공, 3,658세대)가 대표적으로, 층간 소음 방지를 위해 기둥식 구조가 적용된 아파트다. 그래서 기둥식 구조를 채택했다는 점을 분양 광고 등에 홍보하기도 했다.

위례신도시송파푸르지오(2015년 준공, 549세대)도 기둥식 구조를 채택한 아파트다. 수직 하중을 기둥이 받는 형태로 건설된 아파트는 장래 리모델링에도 구조적으로 유리할 수밖에 없다. 기둥이 하중을 받으면 나머지 벽체를 해체할 수 있고, 이를 통해 방을 튼다거나 하는 평면 구조도 변화시킬 수 있다.

강동구 상일동의 고덕롯데캐슬베네루체(2019년 준공 예정, 1,859세대)도 기둥식 구조를 채택했다. 이 외에 개포시영아파트를 재건축한 래미안강남포레스트(2020년 준공 예정, 2,296세대), 광진구 자양동의 이튼타워1~3, 5차 단지 역시 층간 소음에 강한 기둥식 주상복합아파트다. 주상복합이지만 전용률(전용면적의 비율, 일반적으로 아파트는 전용률이 공급면적의 80%, 주상복합의 경우 70% 정도다)이 높아서 사실상 아파트와 동일하다고 보면 된다.

2010년대 후반기에 공급되는 대부분의 아파트는 층간 소음 문제를 상당 부분 해소한 단지들이다. 법적 기준보다 더 강화된 자체 기준으로 건설하는 단지들도 증가하고 있어서 신축 아파트가 주는 주거 만족도는 더욱 높아질 것이다. 그리고 2010년대 이전의 아파트라고 하더라도 무량판 구조나 라멘 구조를 택한 아파트들이 층간 소음 문제에 있어 더 유리하다. 각 아파트의 구조는 건축물 대장을 통해 확인할 수 있다.

앞으로 평면도를 볼 때는 방의 개수뿐 아니라 어떤 구조인지도 반드시 확인하도록 하자.

오를 지역만 짚어주는 부동산 투자 전략

초판 1쇄 발행 2018년 6월 15일   초판 5쇄 발행 2018년 9월 19일

지은이 채상욱
펴낸이 연준혁

출판 2본부 이사 이진영
출판 6분사 분사장 정낙정
책임편집 이경희
디자인 림林design

펴낸곳 (주)위즈덤하우스 미디어그룹 출판등록 2000년 5월 23일 제13-1071호
주소 경기도 고양시 일산동구 정발산로 43-20 센트럴프라자 6층
전화 031)936-4000 팩스 031)903-3893 홈페이지 www.wisdomhouse.co.kr

값 16,000원 ISBN 979-11-6220-598-3 03320

ⓒ 채상욱, 2018

국립중앙도서관 출판시도서목록(CIP)

오를 지역만 짚어주는 부동산 투자 전략 / 지은이: 채상욱. ─ 고양 : 위즈덤하우스 미디어그룹, 2018 p. ;   cm
ISBN 979-11-6220-598-3 03320 : ₩16000
부동산 투자[不動産投資]
327.87-KDC6 332.6324-DDC23   CIP2018015445